JN318899

エスパー・小林の
「運」がつく人　「霊」が憑《つ》く人

エスパー・小林

三笠書房

はじめに——眉間に「第三の目」を持つ男が教える
自分の「運」を確実にあげていく方法

初対面の人に会った時、職業を聞かれ、

「霊能者をしています」

と言うと、ほとんどの人が〝えっ〟と、驚きの表情を浮かべる。

霊能者としての仕事の大きな柱になるのが「除霊」だ。

「最近、どうも不可解なことばかり起きるので霊視してほしい」といった個人からの相談をはじめ、「会社に憑《つ》いている霊を祓《はら》ってほしい」という法人からの依頼、テレビの心霊番組への出演、また裏方として声がかかることもある。

何年か前にＴＢＳ系で放送されていた「ＵＳＯ!?　ジャパン」の心霊スポット巡り

をはじめ、今でもテレビの特番などに、しばしば呼ばれる。

また、〝霊力〟という視点からの人生相談や開運相談を受けたり、企業の将来展望などのアドバイスを行なうことも多い。こちらも顧客は幅広く、一般の会社員から企業経営者、タレントさんや政財界人など、さまざまな人の相談にのっている。

ほとんど伝承者がいない、霊能力を使った幻のワザである〝特異気功〟によって、身体の癒し、症状の自律的改善のお手伝いをすることも多い。肩こりや腰痛の改善から、ガンに罹患《りかん》された方に対するケアまで幅広く依頼を受ける。

こんなふうに多くの人たちの悩みの解決に役立つことができるのも、私が「見えない世界」の真実を視《み》ることができるからだ。自分自身の感覚を表現すれば、**眉間《みけん》に「第三の目がある」**とでも言おうか。

仕事をしていて感じるのは、**ちょっとした行動、考え方、習慣で「運」を大きくつかむ人**もいれば、運を落とす人もいること、さらには「霊」に憑かれてしまい、人生を台無しにしている人がいかに多いか、ということだ。

逆に、芸能界や政財界の、いわゆる「成功者」といわれる人たちとの交流からわかる明らかな事実がある。

彼らは、「見えない世界」のことが「視える」わけではないが、チャンスを察知する力、危険を回避する力が図抜けている、ということである。

ある種の動物的な勘があるというか、そういう力は〝天性のもの〟といってもいいかもしれない。

そして、〝要所〟で私のような人間をうまく使っていることも、彼らの強運を支えているといえるだろう。

そして、あなたも本書に書いてある方法を知れば、今ある「運」を確実にあげていくことは十分に可能だ。少なくとも、自ら「運」を落とす愚は避けられるようになるだろう。

だからこそ本書では、目には見えないが、あなたの人生を根本から大きく左右している**「運気」**をあげることをテーマとして取り上げる。

「運」とは、ズバリ、あなた自身が持っている生体エネルギーだ。

この生体エネルギーを高めるだけで、今あなたが抱えている悩み――もっと仕事で活躍したい、お金が欲しい、恋をうまくいかせたい、人間関係を改善したい――は、驚くほど改善していく。

知らずに放置している悪縁を切り、運をさげてしまう行動を避けるだけでも、運の流れは必ずよくなる。

この本をきっかけに、あなたの「運気」を守り、さらに高めることができたら、著者としてこれほどうれしいことはない。

エスパー・小林

もくじ

はじめに――眉間に「第三の目」を持つ男が教える
自分の「運」を確実にあげていく方法 3

1章 あなたの「運気」の守り方
……「邪気」を祓い、「幸運」を引き寄せるために

2章

「低級霊」に憑《つ》かれる人「高級霊」が味方する人

……「見えない世界」の真実とは?

3章

「運気の波」に乗れる人 乗れない人

……「運勢」を自力で強くしていくための心がけ

4章 最高の「縁」を手に入れる秘術

……誰とつきあうかで、人生の展開が変わる

5章 運を呼び寄せる「パワー」アクション

……「即効！」でプラスのエネルギーが満ちてくる！

編集協力◎宇都宮ゆう子

1章

あなたの「運気」の守り方

……「邪気」を祓い、「幸運」を引き寄せるために

自分を生かすも殺すも「運」しだい

人間が生きていく上で、最も大切なものは何かと聞かれると、私は「運」と答える。仕事、恋愛・結婚、お金、健康など、「豊かな人生」を送るために必要なものを手に入れられるか否かは、「運」のあるなしに大きく左右されることが往々にしてあるからだ。

たとえば仕事で、長年閑職に置かれている人がいたとしよう。まったく仕事ができないかといえば、そうでもない。人当たりも悪くない。そんな人を見て、「彼は運がなかったんだよ」という言葉が、思わず口をついて出たことはないか。

逆に、仕事で大抜擢《ばってき》された人がいたとしよう。もちろん、実力がなかったわけではない。しかし、並みいるライバルを押しのけて要職につく姿を見て、「あの人、ツイてるからね」と、陰で言ったことはないか。

ズバリ言おう。

人の資質を生かすのは「運」だ。

運を〝エネルギー〟という言葉で置き換えると、わかりやすいかもしれない。

つまり、持っているエネルギーが大きい人は、「運のいい」人だし、少ない人は、「運が悪い」人ということになる。

そして、**人は本能的に〝エネルギー〟の大きい人に惹《ひ》かれる。**

「先天的」な運と「後天的」な運

たとえば普通の人の「運」を百とすると、あれよあれよという間にのし上がった売れっ子芸能人の「運」は千くらいは、あるかもしれない。

豊臣秀吉や徳川家康、エジソン、アインシュタインのように歴史に名を残した人物の「運」は、一万、いや十万、百万くらいあったとしても不思議はない。

「でも、その人が持つ〝運〟は生まれた時から決まっているんじゃないの？」

と、疑問に思う人もいるかもしれない。

これは当たっていると同時に、誤りでもある。

筆者は、**先天的な運と、後天的な運の比は、四対六、いや三対七**と言っていいと思っている。


確かに、生まれた時から何不自由のない生活が保証されているセレブリティと、毎日生きていくのがやっとの生活を強いられる家庭に生まれた人とでは、スタートからして「運」の大きさが違うといえる。

しかし、「後天的な運」の部分は、自分の努力しだいで、いくらでも変えていくことができる。しかも至極簡単な方法で、だ。

では、どのような方法があるのか、筆者の実体験をもとに述べていきたいと思う。

「誰とつきあうか」に細心の注意を払え

先に「運とはエネルギーの強さだ」と述べた。

よく、「成功した経営者やアーティストに実際に会ってみたら、テレビで見たりイメージの中で考えていたりした人物像のほうが大きく立派で、拍子抜けした」という話を聞く。

それは、彼らが内面から発する〝エネルギー〟が、彼らを実体よりも大きく見せていた証《あかし》といえるだろう。

このエネルギーは、〝存在感〟や〝オーラ〟という言葉で言い換えることもできるかもしれない。

そして、**大物になればなるほど、「ここぞ」という時に発する〝エネルギー〟は大**

きい。

さて、この〝エネルギー〟つまり「運」は簡単にあげられる。

方法はいくつかあるが、どの方法をとろうと絶対的に必要だといえるのは、**人との「縁」**だ。

そう、**「自分よりも運気の強そうな人と行動を共にすること」**で、運はあがるのだ。

「運気の強い人」との〝縁〟を大事にしているか

〝運気の強そうな人〟とは、極端に表現すれば、**「自分よりも地位の高い人」**である。といっても、入社して数年の平社員が役員と行動を共にしようと思っても、無理なことが多いだろう。だから、地位が高い人といっても、ある程度、手の届く役職の人でもかまわない。

人は、自分一人だけで生きているわけではない。家族や友人、恋人、同僚、上司、取引先の担当者など、さまざまな人との関わりの中で生活している。各人が結びつくことで、それは**「縁」**になり、その縁によって、それぞれのエネルギーがさらに高まっていくことは珍しいことではない。

そうしてできた強い「縁」は、その人の才能をさらに伸ばし、自分を応援してくれる多くの味方を引き寄せ、競争に勝ち残っていく力を与えてくれる。

有名人や経営者らが「縁」を大切にするのは、それが自分たちのエネルギーを高め、「運」をあげてくれると知っているからだ。

ただ、この「縁」には、注意が必要である。

「良縁」「悪縁」「くされ縁」という言葉があるが、**つきあう人によっては、一転して運気をさげる**ケースも少なくないからだ。

「あと一歩でダメ」になる理由

筆者の知人に、こんな女性がいる。

彼女は三十代半ばで、会社員だ。仕事も頑張っているし、容姿も人並み以上なのだが、いまだ独身だ。そんな彼女に彼氏ができた。

五十歳を過ぎたバツイチの男性で、奥さんの浮気が原因で離婚を決めた。そのため、子どもを引き取って育てていた。努力のかいもあって、ようやく子どもも大学を卒業し、社会人になった。

彼女は、その男性とそろそろ結婚したいという。しかし……彼女は出産を経験したいが、男性は「もう子どもはいらない」と宣言しているのだそうだ。

さっそく彼女を視《み》ることにした。今、つきあっている男性との未来を霊視したところ、孤独な生活を送る彼女の姿が視えた。そこで、今つきあっている男性と〝別れた〟と想定して未来を霊視すると、その彼とは違う男性と、赤ちゃんを抱っこしている彼女の姿などが視えたので、

「その人と別れたら、もっといい人ができるよ。出産も経験できる」

とアドバイスをした。

しかし、彼女は、

「彼といると居心地がいいから」

「彼は私がいないとダメだから」

「それに経済力もあるし」

と、いまいち、踏ん切りがつかないようだ。

経済力というが、その男性はあと数年もしたら会社を退職することだろう。そうなった時、誰が男性を支えるのだろうか。また、男性に先立たれた時、彼女には何が残るのだろう。


実は、彼女はこうしてこれまでにも何度も、煮え切らない相手との別れをくり返している。

「私、何でも、あと一歩っていうところでダメなのよね」

と、笑うが、それは彼女が「自分の〝エネルギー〟を吸い取られる相手を選んでいるから」と言ってもいいだろう。

そう、**人との「縁」で最も注意をしたいのが、つきあう人をどう見極めるか、なの**だ。

「あなたの運をあげる人」の見分け方

一見すると自分の「運」をあげてくれそうだと思える相手が、逆にエネルギーを吸い取っていく相手だった……そんなケースもある。

たとえば、ある女優さんと結婚した人気俳優がいた。大物同士の、誰もがうらやむカップルだったが、その後、彼をテレビで見かけることは激減、そればかりか借金問題や女性問題で、週刊誌やワイドショーで取り上げられる程度になってしまった。

結局、結婚生活は長続きせず、何年後かに離婚。そのとたん、その俳優の人気は復活し、再ブレイクを果たした――。

こういったケースは少なくない。「あの人のことかな、それともあの人？」と、複数の名前が浮かんでくるのではないだろうか。

もちろん、こうしたことは一般の人たちにも十分に当てはまる。

結婚などをきっかけに、**人間関係が大きく変わると、「運」はとたんに影響を受ける。**

結婚してから信頼度があがり、出世して金回りがよくなった人、気持ちが安定して輝くように幸せになっている人などが、あなたのまわりにもいないだろうか。

逆に、配偶者に選んだ相手が運を吸い取るタイプの人間だと、それまで自分のことを引き立ててくれていた人が離れていくなどして、みるみるうちに運は急落していく。

「彼は同期の中では出世が早いから」
「彼女の父親は有力者だから、いい思いができるかも」
「あの人と仲よくしていると、おこぼれにあずかれそう」

と、安易で短絡的な考えでつきあう相手を選んでいると、気づいたら人生が破綻《はたん》している可能性すらある。

つまり、「つきあうことで、あなたの運をあげてくれる人」とは、単に〝おいしい思いをさせてくれる人〟ではない。

そうではなく、あくまでも**自分のやる気をかき立て、自発的な行動へと駆り立てる〝エネルギー〟をチャージしてくれる相手**である、という視点が大切なのだ。

金、地位、財産――「目に見えるもの」に左右されるな

「運」をあげたいなら、「一緒にいることで、自分がポジティブになれる相手」と縁を結ぶことが肝要だ。お金や地位、財産など、「目に見えるもの」ばかりを求めると、逆に「悪運」に染まってしまうケースは多々ある。

そこで、「あなたの運気をあげる人」「あなたの運気をさげる人」のチェックリストをつくってみた。

参考にしてほしい。

【あなたの運気をあげる人】

□ 顔色がよい
□ 落ち着きがある
□ 人の目を見て話す
□ 声に響きがある
□ 目に力がある
□ 覇気があってエネルギッシュ
□ 服装がきちんとしている
□ 髪が清潔
□ 歩く速度が速い
□ まわりの人から頼りにされる
□ お年寄りに好かれる
□ 子どもに好かれる
□ 動物に好かれる
□ 食べ方がキレイで早い

□ キレイ好き。部屋やデスクのまわりが、きちんと整理整頓されている
□ 喫茶店などで待ち合わせをしていると、その人が来たとたんにお店が混む
□ 「会社がつぶれても生きていけそうだ」という雰囲気がある
□ 「独立したい」「出世したい」「世の中の役に立ちたい」など具体的な夢を持っている

【あなたの運気をさげる人】
□ 顔色が悪い
□ 落ち着きがない
□ 口角が下がっている
□ 表情が乏しい
□ 髪型がだらしない
□ 猫背で、後ろ姿が小さく見える
□ バッグや靴などの持ち物が傷んでいる。身分不相応の持ち物を持っている、もし

くは欲しがる
□グチや悪口が多い
□「お金がない」「どうせ」「やっぱり」「しかたがない」「別に」が口癖
□あきれるほど一般常識がない
□そのくせオタク系のように、ある特定のことにだけ、とても詳しい
□収集癖がある
□ファストフード、ジャンクフードをよく食べる、立ち食い店をよく利用している
□テレビゲームが大好き
□友人にも似たような人が多い
□喫茶店などで待ち合わせをしていると、その人が来たとたんにお店が空く
□仕事がうまくいっていなさそうだ
□現状維持、安定志向、ことなかれ主義

ちなみに、いずれもチェックが五個以下なら、「運気をあげる人」にも「運気をさげる人」にもあてはまらない。八個以上なら、その要素は大いにあるといっていいだ

ろう。

また、このリストをチェックしていて、「この運気をさげる人って自分のことじゃないか？」と、愕然《がくぜん》とする人もいるかもしれない。

その場合は、「人生、山あり谷あり」という言葉があるように、〝今は谷にいる状況だ〟と考えてほしい。

そしてまずは、「運気をさげる人」のチェックがはずれるように、そして、「運気をあげる人」のチェックを増やしていけるようにする。

少しずつでもいいから、自分がいる環境を変えていこう。

なぜ成功者には「霊感に近い能力」があるのか

ところで、私の本職は「霊能者」である。

もともとは、とある出版社で雑誌の編集者として働いていたが、学生時代から興味のあった、タロット、人相、手相などの占学を習得。占いの道から、霊能力を見出され、現在は開運アドバイスから除霊まで幅広く活動している。

私の場合も、やはり人との「縁」がここまで引き上げてくれた部分が大きいが、後**天的についた「背後霊」**の存在もまた、運の向上に大きく寄与してくれている。

このように書くと、〝うさんくさい〟と思われるかもしれない。

しかし、私の顧客には一流の政治家や経営者らがいるが、現に彼らには**強大な「背**

後霊」がついているし、彼らもその存在を信じている。
私は宗教家ではないので、すべてひっくるめて「背後霊」と呼んでいるが、「守護霊」「指導霊」「ガーディアン・スピリット」などと言い換えたほうが、とっつきやすいだろうか。

「背後霊」は誰にでもついている

とにかく、この**「背後霊」は誰にでも生まれた時からついている。**

その多くは、その人の先祖や身内の霊だ。一人の人間についている背後霊の数は、一つではないし、増えることもあれば減ることもある。

一方で、生まれた時から**「守護神」**といえるくらい大きな背後霊、高級霊がついている人もいる。

自分につく「背後霊」「守護神」を、自分の好みで選ぶことは不可能だ。

選択権は、背後霊のほうにある。

ただ、あなたが自分でも気づいていなかった「潜在能力」に目覚めたりすると、新しい背後霊がつくこともある。

背後霊は、「その人の持つエネルギーの強さと性質を選んでやってくる」というのが実情だからだ。

自分の運気を高め、エネルギーをあげていくと、それだけ影響力の強い背後霊がやってくるというわけだ。

自分の背後霊の〝パワー〟を知る方法

背後霊たちが教えてくれるのは、**未来の方向性**だ。

そこで、こんな方法で自分の背後霊の〝パワー〟をはかることができる。

自分の前に左右二つの道、つまり人生の岐路があったとしよう。転職でも、新しいプロジェクトへの参入でも、あるいは引っ越しや結婚などでもいい。とにかく、「人生の転機」となるような選択を迫られるケースだ。

その時に、三回連続して正しい〝道〟が選択できたという人なら、その人の背後霊は強い存在に違いないといえるだろう。

逆に、「ああすれば、よかった」「こうすれば、よかった」と、悔やむケースが多いのなら、あなたの「背後霊」はさほど強くない可能性が高い。

そういう場合は、この本で紹介する方法を実践することで、エネルギーをあげていくといいだろう。

くり返すが、努力しだいで、運をあげることは十分可能だ。

ちなみに、成功者たちは、「人生の岐路」でのジャッジが実にうまい。

地位が上になればなるほど、大きな決断、選択をする機会が増えるものだが、彼らはその選択をまず外さない。

つまり、彼らは**「霊感」に近いような感覚**を持っているのだ。

“近寄ってはいけない人物”を一発で見抜けるか

成功者と霊感といえば、こんな話がある。

ある懇親会に、さる会社の経営者が彼女を連れてきた。百七十センチほどの身長の、細身のモデル体型の女性で、かなりの美人だ。性格も悪そうには見えない。

しかし、私はその女性を見た瞬間、目をそらしてしまった。というのも、**女性の背後に“黒いもの”が憑《つ》いていた**からだ。

一応、挨拶をし、名刺を渡したものの、彼らからなるべく離れた場所に移動した。

そこに、以前、永田町で大臣クラスの職務についていた知人がやってきて、こう言った。

「小林さん、オレちょっとダメだ、ここには怖くていられない」

知人の目線の先には、モデル体型のあの女性がいる。

「あの女の人、おかしいよね」

「やっぱり、わかった？」

「やっぱり、そうでしょ？　何かあるでしょ？」

ひそひそと話していると、ぶるっと体を震わせ、

「ヤバい、背中が痙攣《けいれん》してきた」

と、言い出した。

背中を見ると、本当にブルブルと痙攣している。そして、

「ダメだ、ここには、いられないわ」

と、ほうほうの体《てい》で帰ってしまった。

「精気を抜かれる」前に、逃げろ

しばらくして、別の知人が僕のもとにやってきた。彼は、あるＩＴ系企業のトップ

を経験した人間だ。現在は日本のある戦略の要《かなめ》にいる。そして、

「ダメだ、小林さん、あの女の子、祟《たた》られているよ」

とやはり、モデル体型の女性を見て言う。そして、彼もそのまま帰ってしまった。

その懇親会には、他にも何人かの若い女性が参加していたし、二人とも決して、女性を見下しているわけではない。

加えて言うと、彼ら二人には、いわゆる〝霊感〟はない。


それからしばらくして、前述の元永田町の知人に会う機会があった。気になっていたこともあって、

「あの彼、その後どうなった?」

と、モデル体型の彼女を連れてきた経営者について聞くと、なんと件《くだん》の懇親会の席で、決まりかけていた仕事が白紙になるなど、次々にプロジェクトが頓挫《とんざ》し、ついには社長を解任されてしまったのだという。

彼はオーナー一族のメンバーであり、決して解任されるような立場にはなかった。しかし、今は失業中なのだそうだ。

知人は元社長の彼と、そこそこに親しいというので、

「じゃあ、見ていてあげて。今でも彼女とつきあっていたら、とにかくヤバい。彼女に本当に**精気を抜かれちゃう**よ。とにかく遠ざけて。でないと、取り返しがつかないことになる」

と、アドバイスをした。

もし、すぐにも、元社長があの女性との縁を切ることができたら、最悪の事態は避けられるだろう。しかし、もし、そのままズルズルと関係を続けていたら――落ちていく一方に違いない。

もっとも、失業中の元社長のもとを、女性自らが去っていく可能性もあるが……。

人の「運気」を吸いつくす人間は、本当にいる

男性、女性を問わず、交際相手の運気を吸いつくして、なくなったら次の交際相手に向かう、ヒルのようなタイプの人間はいる。ただ、そういう人間は、人間ではない〝何か〟が憑いているケースが多い。

私が感心したのは、元永田町の知人も、元ＩＴ企業のトップだった知人も、彼女のような**危険人物を一発で見抜いた**ことだ。

「日本のためにも、もう一度、永田町に行ってよ」

と言ったら、元永田町の知人は笑っていたが……。

ちなみに彼らには、やはり力の強い「背後霊」がついている。そして、紆余曲折《うよきょくせつ》はありながらも、決して選択を誤らない。

成功者には「話の早い人」が多いが、それは絶妙なタイミングをとらえ、最適な選択をする「影の存在」の力が大きいからかもしれない。

しかし、そんな彼らをも震えあがらせる強力な「マイナスオーラを持つ人間」も、確かに存在しているのだ。

三島由紀夫は「二・二六事件」の将校に取り憑かれていた!?

都市伝説的なオカルト話だが、

「三島由紀夫は、二・二六事件の将校に取り憑かれたために、クーデター未遂の末、市ヶ谷で割腹自殺した」

とよく言われる。実際、彼は、文字通り〝取り憑かれたかのように〟二・二六事件について研究していたという。

彼に憑いていた将校については、三島と親交が深かった美輪明宏さんが言及しているが、私もその通りだと思う。

何かの番組で割腹自殺直前の三島の姿がテレビの画面に映し出されたが、その時、私には本当に彼の背後に将校が憑いているのが視えて、大変驚いたものだ。

二・二六事件は、面白半分に写真を見たりしていると、本当にヤバい。こういう危険なテーマには近づかないほうが身のためだ。

これが〝憑かれる瞬間〟だ

三島のように、霊体に取り憑かれた、もしくは霊体に取り憑かれた人と接したがゆえに命を落とす人は、割と多く存在する。

さる大物女性歌手のケースも、それにあたる。

ある時、テレビに彼女のステージが映った。見ていると、後ろに黒いネクタイをした男性の霊が見える。まるで彼女を守るように、のぞき込むような姿勢で彼女を見つめている。この霊は、おそらく彼女を守っているつもりなのだろう。

しかし、その結果、彼女は交際相手など、親しい男性を複数人「自殺」で失っている。

実は、芸能人はこういった背後霊を持つケースが少なくない。

また、こんな例もある。

かつて、霊感を売り物にしているタレントがいた。彼は若くしてガンで亡くなったが、悪霊による仕業だと私は思っている。

というのも、テレビでたまたま、彼が**霊に憑かれた瞬間**を見てしまったのだ。

それは心霊スポットに焦点を当てた番組の、あるロケシーンでのこと。海岸に立っている彼の背後から、**白装束の女性の霊が、彼の心臓をめがけて一直線に入っていったのだ。**

「ああっ、やられたな」と思ったものだ。


心霊番組といえば、二〇一一年に亡くなった女性タレントもまた、〝行ってはいけない場所〟に行き、その後自殺している。彼女はもともと霊感があったというから、より強く、影響を受けてしまったのかもしれない。

そういえば同年、やはり心霊番組で、いわくつきの場所を巡った男性芸人もまた、芸人生命が脅かされるような大事故に遭っている。

彼もまた、霊感が強かった。そのため、その場所に入る前から、

「足が重い」

と、何度もギブアップしかけていた。しかし、それだと番組にはならない。結局、彼は霊がうようよしている場所に一人で行かされ、放置されてしまう。その直後の大事故だった。

面白半分で「心霊スポット」に近づくな

私も何度も経験があるが、こういった心霊番組には必ず、霊能者が同行する。つまりボディガードだ。スタッフやタレントが霊に襲われそうになった時、まっ先に除霊を行なう。

実際、私自身が以前、自殺の名所に取材に行った時、霊感の強いスタッフが何かを感じて、吐き始めたことがあったが、そういった時、つきまとってきた霊を祓うのだ。

以前は、そんな恐怖体験を恐れたスタッフが、制作の上で〝ヤラセ〟と呼ばれることもしていたようだ。

しかし……この〝ヤラセ〟を一切認めない風潮にある昨今は、私自身、断りたくなるような場所にタレントを送り込むケースも少なくない。

こういった〝霊〟が関わっている場合、その人の持つエネルギーの大きさは、ほとんど関係がない。どんなに運気のよい人でも、エネルギーを一気に〝ゼロ〟へと持っていかれ、その結果、事故に遭ったり、最悪の場合は死を招いてしまう。

特に「霊感がある」人は、悪質な霊にも感応する波動を持っているため、その結果が顕著に出る。

対応策としては、**〝心霊スポット〟とされる場所には、絶対に近寄らない**ことだ。

また、まわりに不審死が多い人とも、できるだけ関わりを持たないほうがいいだろう。

「成仏していない霊」がうようよしている場所とは

といっても、危険な場所は「心霊スポット」に限らない。
そこで、あなたの運気をガクンとさげる、「要注意の場所」を紹介しよう。

【運気をさげる要注意の場所】

- □ 光が入らない暗いところ
- □ 臭いところ
- □ 空気の流れが悪いところ
- □ ゴミが捨てられている場所
- □ 繁華街（飲み屋街）

□ 犯罪の多いところ
□ 風俗店、ラブホテルのあるところ
□ 墓地
□ 廃墟、病院跡地、炭坑の跡地
□ 一部の市役所（墓地や刑場跡に建てられることがある）
□ お祓いをする神社仏閣（効き目のあるところは、ごくわずか）
□ テレビ局
□ 事故現場、火事のあった場所
□ 心霊スポット、自殺の名所
□ 埋蔵金があると噂されているところ
□ 古戦場跡

特に、霊感がある人が右記のような場所に行くと、マイナスのエネルギーに感化されて、具合が悪くなったり、運が落ちてしまったりする可能性が高い。

というのも、こうした場所には**〝成仏していない霊〟がうようよしている**からだ。

一般的に、私たちを見守り、応援してくれる背後霊になるような「霊」は、亡くなって成仏している。しかし死ぬ時、この世に自分の分身のような、カケラのようなものを残す。このカケラのようなものが「背後霊」の正体である。

一方で、不慮の事故や、病気による容態の急変などで、寿命が来る前に亡くなった人の成仏していない霊は、「霊そのもの」がそのまま残る。

そのため、**一般の背後霊がどんなに頑張っても、成仏していない霊には、絶対的にパワー負けしてしまう**のだ。

地縛霊、浮遊霊とは何か

ずいぶん前に、新宿のマンションで女性アイドルが飛び降り自殺をしたが、今でもそのマンションの前に行って霊視すると、血まみれで立っている彼女の姿が確認できる。

そのような成仏していない霊は、死んだ土地にいつまでもとどまり、「**地縛霊**」と呼ばれる。

一方、あてもなくさまよい続けている霊を**「浮遊霊」**と呼ぶ。

この二つの霊はともに、人に災いをもたらす。

そして、「災いが絶えない土地」というのは、そこに地縛霊が憑いているケースがほとんどだ。また、節度をわきまえずに盛り場で遊び歩いていたりすると、浮遊霊が憑いてしまうことが多い。

なぜ、成仏していない霊が運気をさげるかというと、それらは「マイナスのエネルギー」を持っているからだ。そうした霊と接するだけで、人間が持っている「プラスのエネルギー」は吸い取られてしまう。

警告――その行動、とんでもないことになりますよ

浮遊霊や地縛霊が憑くと、まず、ほとんどの人が**「食べ物の嗜好」が突然、変わる。**

たとえば侍の霊が憑くと、日本酒や酒の肴《さかな》が好きになり、女性の霊が憑くと、和菓子やお茶を欲しがるようになる。バスにひかれて亡くなった子どもの霊が憑いたため

に、やたらとチョコレートを欲しがるようになった人もいた。

心あたりがあるなら、注意が必要だ。本格的に悪い霊が憑くと、徹底的にエネルギーを吸いつくされるので、精気を失ってやせ細ったり、精神に異常をきたしたりすることもある。そうなると、私のような人間が特別な方法で「除霊」をするしか、その人を救う方法がない。

私のこれまでのカウンセリング経験から、これだけは、ここではっきり**警告**しておく。

若いから、遊びたいから、楽しいからと、歓楽街に夜ごとくり出して享楽的に過ごしていたり、興味本位の軽薄な行動をくり返していたりすると、後々、とんでもないことになる。

幸せな人生を送っている人は、そういう場所に頻繁に出入りしたりなど、しないものなのだ。

2章

「低級霊」に憑《つ》かれる人
「高級霊」が味方する人

……「見えない世界」の真実とは?

人は死んだらどこへ行くのか

私は除霊だけでなく、イタコのような口寄《くちよ》せ、つまり**死者を自分におろして、その声を依頼者に伝える**という行為をすることもある。

1章でも触れたが、この世には亡くなった人のカケラ、「思い」のようなものが残っているので、そこからアクセスをするのだ。

ちなみに「外国人でも呼び出せるのか」と聞かれることがあるが、言葉ではなく、その人の「念」とやり取りをするので、可能だ。また、亡くなった人だけでなく、生きている人、神様のような存在と交信することもできる。

ただ、非常に体力を使うこともあり、めったに受けない。そして依頼として圧倒的に多いのは、やはり亡くなった人との交信だ。

その際、依頼者から必ず聞かれることがある。

「人は死んだらどこに行くんですか?」

「故人は天国にいますか?」

と。

私は宗教家ではないので、天国や地獄については詳しくなく、肯定も否定もできない。しかし、故人と交信をする時、**「この世とはまったく別の世界」**の存在を感じるので、恐らく**〝あの世〟は存在する**のだろう。

「あの世」に行ける人、行けない人

〝あの世〟の世界を見ていると、あるところで真っ黒い、光のない世界を感じることがある。恐らく、ここは〝地獄〟といわれる世界なのではないかと思う。

一方で、明るい春のような世界も存在する。ここが〝天国〟なのだろう。

臨死体験者が、生と死のはざまで「一面の花畑を見た」だとか、「温かくも寒くもない、でも明るく心地のいい場所だった」「死んだおじいちゃんに会った」といった体験談をよく話すが、それはまぎれもなく、私が〝天国〟と考えている世界だと思っている。

もちろん、まだ死んでいないので、正直なところ、わからない部分も多いが、どの宗教の〝天国観〟と〝地獄観〟を見ても、私の見たものと似たようなことを言っているので、正しいのではないかと思っている。

さて、この〝あの世〟だが、**自然死であれば、確実に人は〝あの世〟へ行く。**

私はヒーラーとして、気功を使って肩こりから末期ガン患者のケアまでしているのだが、たまに末期ガンの患者さんのもとに行くと、枕元にまったく知らない〝人〟が立っていることがある。

以前、高齢の女性の患者さんが亡くなり、弔問に行った時のこと。

「実は、こういう顔のおじいさんが枕元にいた」

と、身内の人に話したところ、

「彼女の亡くなったご主人だ」

と驚かれたことがある。同じようなケースはいくつもある。**寿命で亡くなる場合は、だいたい身内がお迎えにくる**ようだ。

ちなみに、末期ガンの患者さんにできる手当ては痛みをやわらげる程度のことだ。小さなガン細胞なら対処できたこともあるが、末期ともなると穴の開いた桶《おけ》に水を入れるようなもので、こちらの体力が追いつかない。

なぜ、人は「幽霊」になってしまうのか

しかし、交通事故や自殺などで、まだ寿命が残されているにもかかわらず、突発的に死んでしまうと、お迎えが来ないため、その場にとどまることになってしまう。

それが、我々がよく口にする**〝幽霊〟**、つまり**〝あの世〟に行けなかった人たち**だ。

そのため、彼らは死んだ時の「そのままの格好」で出てくる。

たとえばスーツにネクタイ姿で亡くなったら、その格好で出てくるし、登山中に亡くなったら、登山服で出てくる。戦争で亡くなったら戦時中の、侍だったら侍の格好

だ。

ただ、霊が人間の形をしているのは、せいぜい戦国時代までだ。コンタクトがとれるのも、平安時代くらいまでで、弥生時代の霊など、すでに人の形をしていない。ここまでくると、交信はまず、無理だ。

ということもあって、死んだら人は、〝あの世〟に行く。ただ、行けない存在もある。

だから、私はたまに、**〝この世〟に漂《ただよ》っている霊を〝あの世〟に送る手伝いをしている**、というわけだ。

「低級霊」と「高級霊」

除霊をしていると、本当にさまざまなお客さんが私のもとを訪れる。その中でたまに、

「キツネに憑かれたと思う」

と、深刻な顔をして相談に来る人がいる。しかし、正直なところ、キツネやタヌキといった動物霊が憑いている人を私は見たことがない。

〝狐《きつね》憑き〟なんて聞くと、〝宗教的につくり出されたものかな？〟と思うくらいだ。

人間に憑く霊は、まず人間だと思っていい。

そして、そのほとんどが、1章で述べた〝地縛霊〟や〝浮遊霊〟といった**低級霊**だ。

くり返すようだが、彼ら低級霊が憑くと、運気がどんどんさがっていく。病気や怪我、事故、仕事での失敗、さらには自殺するはめになるなど、とにかく足を引っ張れる。

面白半分に心霊スポットに行ったがために、「高熱を出して数日間、寝込むはめになった」だの「交通事故に遭った」だの、果ては「発狂した」といった話をよく聞くが、それは低級霊に憑かれたからにほかならない。

ただ、**低級霊が憑くのは、体調が悪い時がほとんど**だ。風邪のウイルスみたいなものといえば、わかりやすいかもしれない。つまり、体の中にエネルギーがない状態だと、つけ入られやすい。

インフルエンザ患者が多くいる部屋に長時間いると、健康な人間でも感染してしまうように、たとえエネルギーレベルの高い人であっても、低級霊がうようよいる場所(自殺が多い場所や事故多発地帯)に出かけるのは、「憑いてくれ」と自分からお願いしているようなものだ。

そんな場所に用事もないのに、のこのこ出かけるのは、感心しない。

高級霊に〝選ばれる人〟とは？

〝低級霊〟と一緒に、〝**高級霊**〟という存在についても、説明しておこう。

高級霊とは**「信仰の対象」**のような存在で、1章で書いたように、「守護神」のような形で背後霊となってついてもらうと、その人が持つ運気や能力がぐんとあがる。

対人運や仕事運、健康運、金運など、あらゆる点で面白いほどツイてくる。私のように、**〝霊〟の存在を感知することも可能**になる。

ただ、くり返し言うが、高級霊は「信仰の対象」になるような存在だ。

よく運気をあげようと、写経や座禅、滝行や断食といった荒行を熱心にする人がいる。しかし、いくら荒行に勤《いそ》しんだとしても、高級霊が近寄ってきてくれるとは限らない。

あくまでも高級霊は、〝選ばれる側〟ではなく〝選ぶ側〟だ。

荒行なぞしなくても、ふっと背後におりてきてくれることもある。もっとも、それは本当に稀《まれ》なことであるのだが……。

〝低級霊〟と〝高級霊〟は、俗っぽい言い方をすると、「チンピラ」と「スター」だと言ってもいいかもしれない。

チンピラは、目を合わせただけで難癖をつけ、頼まれなくても近づいてくる。機嫌が悪いと、暴行に及んだり、金品を巻き上げたりする。

昔、小中学生の間で〝こっくりさん〟なる降霊術が流行ったが、紙と十円玉程度で「出てきてくださーい」と言われて出てくるのは、チンピラ程度ということだ。

一方のスターは、足しげくコンサートに通い、せっせとファンレターを送り、必死にお金をつぎ込んだとしても、一生接点を持てない人が大半だ。だからこそ、〝振り向いてもらう〟ことに注力するよりも、自分が少しでもスターに近づけるような努力をするほうが何倍も建設的だ。

チンピラを遠ざけ、スターに近づけるような自分をめざして生活を改める――それが私の開運術なのだ。

「祟り」は存在する

低級霊について言及したが、その多くは病気や事故など、不慮の死で亡くなった人たちの霊で、人に悪影響を及ぼすことはあっても、直接、命まで奪う力があるわけではない。しかし……。

強い恨みを抱いて亡くなった人や「目的を持って死んだ人」の霊は、強大なマイナスパワーを、生きている私たちにぶつけてくる。

このマイナスパワーを、**「祟《たた》り」**という。

事実、代々祟られている土地や、家系は実在する。そのパワーは強大で、私の力をもってしても止められないケースがいくつもある。力のない霊能者だと、祟りの主と対峙《たいじ》して、寿命を縮めることもあるようだ。

一族が恐れた「長男が死ぬ家」

こんな話がある。

「長男が死ぬ家」

と、地元の人たちに囁《ささや》かれている家があった。

噂の通り、その土地に住む一族の長男が、何代にもわたって若くして亡くなっているそうで、名前を次男風にしても、長男だけ別の土地に引っ越しても、四十代まで生きられることはなかった。

一族に、他人に恨まれるような心当たりはない。しかし、確かに長男が早世している。

数年前、この一族の長男がまさに、四十歳手前の年齢になった。科学技術が発達し、オカルトが真っ向から否定される現代、一族は悩みに悩んだ。しかし結局、住み慣れた土地を売って、遠くへと引っ越してしまった。

そこに新しい一家がやってきた。

土地を買ったのは、別の一族の長男だった。しかし、年齢は三十代後半だという。地元の人たちは、見て見ぬフリをしていたが、いつしか〝祟りの噂〟が新しい土地の主の耳に入り、引っ越して間もないにもかかわらず、土地を売ることになった。

しかし……不動産屋との打ち合わせが予定されていた日の前の晩、主は、家の駐車場で自殺をしてしまったのだ。

今では、その土地に近寄る者すら、いなくなったという。

「逃げるしかない」家、土地はある

私は、こういった家の除霊を依頼されることがたまにあるが、**本当にヤバい家だと、近寄ることもできない**。

というのも、除霊の当日に限って、家主の病気や事故、また天災などでキャンセルされてしまうのだ。こういったキャンセルが三回続くと、私は依頼そのものを断ることにしている。

それだけ、〝**祟り**〟**が強大**だからだ。逆に私の命が危ない。

一家ごと祟られている場合だと、まず、子どもが結婚できない。できたとしても晩婚で、子どもができない。できたとしても、どこかに問題があり、結局、親兄弟がたくさんいても、代替わりの度に人数が減っていき、ついにゼロになってしまう。

では、どうすればいいかというと、とにかく**その土地から離れる**などして、逃げることだ。また**結婚をし、奥さんの姓を名乗らせてもらう**などして、自分の家系との関わりを薄めるしか方法はない。その上で、ライフスタイルや、食や色などの好みをすべて変えてしまう。面倒だが、そうすることで確実に運気は変わる。

もし、あなたが引っ越したとたんに〝運気が悪くなった〟と感じたら、ひょっとしたら、その土地は祟られているかもしれない。その場合は、別のところに引っ越してしまうことだ。いささか費用はかかるが、それが最も賢明なやり方だ。

ただ、社宅だったり、勤務地の関係で、〝それが難しい〟という場合は、5章に後述する方法を試してみてほしい。

それだけでも、障《さわ》りはやわらぐはずだ。

携帯まで壊れる「ヤバすぎる心霊スポット」

先日、ラジオの心霊番組の収録で、山梨の**「花魁淵《おいらんぶち》」**に行った時のことだ。

現場に降り立った瞬間、どんどん霧がかかってきて「ここヤバいよ」と収録を中断してもらった。

テレビやラジオの収録で、「霊能者なら大丈夫でしょ」と、凶悪な心霊スポットに連れていかれることが多々あるが、本当にヤバい時は、ストップをかけることにしている。強大なマイナスパワーを持った低級霊とやりあっても、ろくなことにはならないからだ。

さて、花魁淵から家に帰り、携帯を充電しようとすると、それができなくなっていて真っ青になった。あの場所に数分いただけで携帯が壊れてしまったのだ。急いで買い替えに行ったが、有名な心霊スポットでは、こういった現象が多々起こる。

「無念の思い」をかかえた〝遊女〟がさまよう場所

「花魁淵」とは、山梨県の甲州《こうしゅう》市と丹波《たば》山《やま》村の境にある心霊スポットだ。この場所、もとは、武田信玄に大切にされていた場所だった。

というのも、金が豊富に取れたのだ。信玄は金を掘るために多くの炭坑夫を集め、彼らのために遊女を呼んだ。この地は大いに栄えた。

しかし……息子の勝頼《かつより》の代になると、武田軍は弱体化する。〝金山を敵に利用されるくらいなら〟と、勝頼は炭坑夫、遊女もろとも、この地に葬ることにした。

特に、遊女たちの〝始末〟の仕方はひどかった。「宴会を開くから」と、遊女たちを谷にせり出した高台に呼び出し、宴もたけなわの時、遊女たちがいた高台を吊っていた藤づるを斬り落としてしまったのだ。

その場にいた遊女の数は五十五人。彼女らは高台ごと谷底へ、まっ逆さまに落ちていった。遊女の死体で川の水は真っ赤に染まったという。もちろん、死体はそのまま放置された。

この遊女たちの霊が、今でもこの場所をさまよっているという。

「幽霊を見た」という目撃証言は多く、交通事故の多発地帯でもある。

「冬の八甲田山」での恐怖体験

こういった、人の生命エネルギーをゼロにしてしまうような「凶悪な場所」は確実に存在する。

痛ましい炭坑事故や飛行機の墜落現場など、人が何人も一度に亡くなっている場所は特にヤバい。

たとえば、私の友人の中にも冬場、夜に〝近道をしよう〟と、八甲田山《はっこうださん》を四駆の車で通り抜けようとしたところ、いきなり原因不明のトラブルでエンジンが止まってしまったという人がいる。

当時、携帯電話はさほど普及しておらず、友人たちはパニックに陥ったようだ。しばらくして、車がたまたま通りかかったそうで、牽引《けんいん》してもらい、難を逃れた。

と、八甲田山から少し離れた場所まで行ったところでエンジンがかかるようになり、以降はトラブルなく旅を続けることができたのだそうだ。

偶然だと思われるかもしれないが、当の本人がその時に感じた恐怖心は大変なものだったそうで、「あの時、何が起きたのかわからない」と、いまだに震えている。

心霊スポットを巡っていて、また行った後に、病気にかかったり、事故に遭ったりしたという話は、珍しくない。それは何度も書くが、その場所がマイナスのエネルギーに満ちているからだ。

寝た子を起こすな――「将門の首塚」の独特な冷気

昔、やはりテレビの収録で、夜に**「将門《まさかど》の首塚」**に行ったことがある。

東京の大手町にある、言わずと知れた、平将門の首を祀《まつ》っている塚である。

その時は、空気そのものは静かだったものの、どことなく凄《すご》みがあり、〝なるべく怒らせないように〟と、細心の注意を払ったものだ。

「寝た子を起こすな」である。

私から見て、**怖い霊に共通していえることは、「通常はおさまっている」**という点だ。なので、見た瞬間、入った瞬間、夜、スキー場で表に出た時のように、妙に空気が澄んでいる。

独特なサワサワ感と冷気がある。**「ヤバいところ」はだいたい、寒い。**

映画『エクソシスト』に、神父が悪霊に取り憑かれた女の子の部屋に入った瞬間、白い息を吐くというシーンがあるが、まさにその状態だ。夏場でも冷蔵庫に入ったかのような冷気が漂っている。

さらに、霧がかかってこようものなら……私なら絶対に逃げる。霧が出るところは本当にヤバい。ヤバいところは、本当に行ってはいけない。

ただし、こちらが変なことをしない限りは、霊が憑いてくることは、ほぼない。

「絶対に憑かれない」のは、こんな人

しかし、今でも〝心霊スポットに行ってみよう〟と、面白半分で訪れる若者は少なくない。一種の武勇伝になるとでも思っているのだろうか。

私が心霊ロケで訪れる時もよく、それらしき若者を何組か見る。

何度も書くが、このような危険な場所には、決して行ってはいけない。私でも、仕事でもない限り、心霊スポットには決して立ち寄らない。仕事で行く時も、体調を万全に整えるなど、それなりの準備をする。

凶悪な心霊スポットに出かけるというのは、言うなれば「台風の日にのこのこと外へ出かけるのと同じ」だからだ。雨の日ですら、雨具なしで出かけたら風邪をひく。

それは誰だって想像がつくはずだ。

心霊スポットに行くことは、登山にもたとえられるだろう。登る山が危険であればあるほど、準備を万全にしないと危ない。

危険な場所に行って遭難しても、それは自業自得だということだ。素人がそんなところにハイキングの格好で行って、無事ですむわけがない。当たり前の話だ。

よく、「どんな人が霊に取り憑かれやすいんですか?」と聞かれるが、答えはわかりきっている。こうした危険な場所に行きたがる、無謀な人たちだ。

逆に**絶対に憑かれない人**は、心霊スポットはおろか、怖い話ですら嫌がる。そういう人には、なかなか強い背後霊がついていることがある。背後霊の力が弱かったとしても、〝人生のピンチ〟に陥る人は少ない。

〝霊媒体質〟は遺伝する

もちろん、もともと**霊媒《れいばい》体質のために憑かれやすい人**もいる。

まず、そういう人は肌の色に独特の白さがある。病人の元気がなくて青白い肌、というのとは感じが違う。生気がなく、人形のような感じなのだ。

また、男性か女性か見分けのつきにくい、中性的な人が多い。さらに、先祖にも霊感の強い人がいる。霊媒体質は遺伝するようなところがあるからだ。

また、思い込みが激しい人も、取り憑かれやすい。こういうタイプの人が一度憑かれてしまうと、除霊をするのは大変難しくなる。

そんな彼らに霊が取り憑くと、体臭とは違う、**獣《けもの》のような独特の臭い**がするようだ。〝ようだ〟と書いたのは、私は霊感を使う時は、五感の感覚を消してしまっているからだ。

もしかしたら、〝思い当たる人がいる〟という読者もいるかもしれない。

くり返すが、心霊スポットのようなマイナスゾーンは、その人のエネルギー、つまり運気を激減させる。怖いものが見たかったら、お化け屋敷や映画、テレビで見る程度で十分だ。

「精神科医でもお手上げ」──実は霊障!?

さて、実際に霊に取り憑かれてしまった場合、どこを訪れるのが正解だろうか。

神社？　寺院？　実はどちらも祓えないことのほうが多い。

では、どうすればいいのか。一番いいのは、信頼の置ける霊能者に相談することだ。

ただ、その場合、時間的にも金銭的にも、それなりの代償を払うことになる。

また、インチキ霊能者にかかってしまった場合、莫大《ばくだい》な金額を要求されることもある。だからこそ、はじめからそんな危険な場所には行くな、と言うのだ。


一方で、「人には見えないものが見えたり、聞こえたりする」と、私のところに相談に来る人の中で、まったく〝悪いもの〟が憑いていない人がいる。霊媒体質でもなさそうだ。そういう人は、ほぼ間違いなく統合失調症など心の病を患っている。

逆に、明らかに霊に取り憑かれているにもかかわらず、精神科や心療内科を訪れる人も、数は少ないがいる。

ただし、読者の中に、心療内科で治療を受けていて、〝もしかしたら、自分もそうなのではないか〟と不安に思われる方がいるかもしれないが、決して、独断で通院を中断しないでいただきたい。これは、かなり特殊なケースである。

「霊」を置き土産にしていく患者

私の顧客に、精神科の開業医がいる。霊に取り憑かれている患者が病院に霊を置いていったりした場合などに、呼ばれて対処するのだ。

この病院では、こんなことがあった。ある時、精神科医が診て、一目で様子がおかしい、霊に憑かれているのでは、と思われる患者が訪れた。

こういう患者が来ると、まず、キャンセルが相次ぎ、受診予定の患者数がガクンと減る。そして……ひどい時には、医師本人が体調を崩す。

この精神科医の場合は、この患者を診て以来、原因不明の咳が止まらなくなり、数日後には救急車で運ばれて一カ月も入院した。その患者が発するマイナスのエネルギーを、もろに受けてしまったのだ。


医師本人が入院してしまったこともあり、件《くだん》の患者には、大病院へ転院してもらったそうだが、これで、すべてが終わったわけではない。

原因不明の病が癒《い》えて職場に戻った精神科医が夜、診察室に残って仕事をしていると、誰も乗っていないはずのエレベーターが勝手に上がったり下がったりする現象が起き始めたのだ。そして、必ずその診察室の階で止まり、ドアが開く。

患者が霊を置いていったのだ。

そこで私が病院を訪れて除霊をしたところ、エレベーターの不可思議な現象はピタリとおさまった。

ちなみに、私がこのようなケースで患者本人に除霊を行なうことはまずない。依頼者である医師のみに除霊を施す。病院の〝医療行為〟に反するからだ。

こういった心療内科に限らず、「病院に霊がいるって本当ですか?」とよく聞かれるが、答えはイエスである。

以前、私の妻が出産で入院した病院の、ある個室にもいた。妻はその個室が気にいったようだったが、もちろん止めた。実際、以前そこで急死した人がいたようで、看護師長さんが塩をまいていた。

病院は、個室に霊がいることが圧倒的に多い。

新しい病院であれば、「霊がいるのではないか」と心配する必要はあまりないが、逆に昔からその土地にある病院なら、どこも危ない。

ちなみに、病院で一番霊がいないのは霊安室だ。というのも、霊安室に運ばれた遺体は、魂が抜けた〝抜け殻〟のような存在だからだ。もし、立ち入る機会があったとしても、ご安心いただきたい。

「先祖のご加護」で開運していく人

以前、テレビ番組で大物霊能者が〝先祖供養《くよう》〟の必要性をやたらと説いていたこともあり、私のもとを訪れる人の中には今でも、

「先祖供養を怠っているからですかね」

「今年こそは実家に帰って、墓参りしたほうがいいですよね」

と、聞いてくる人がいる。

先祖供養は、先祖を思う気持ちがあれば自己流でいいと私は思っている。

〝亡くなった身内のカケラが背後霊になる〟と、前に述べたが、わざわざ仏壇の前に行かなくても、その場で故人を思い、手を合わせるだけで十分だ。

そもそも、今は昔と時代が違う。

お盆やお彼岸に、「お墓参りに行けなかった」と悔やむ人がいるが、だからといって、無理やり事前に仕事を詰め込んだり、繁忙期なのに休んで、周囲に迷惑をかけたりするのは、ちょっと違うような気がする。

昔は、お盆やお彼岸には、休みになる業種が多かった。だが、今は違う。お盆にしてもお正月にしても、休みなく営業する店舗は多いし、勤務させる会社もある。「お墓参り」を理由に、体を壊したり、会社での立場を悪くしたりすることをご先祖様が喜ぶわけがない。そして、お墓参りをすることが現実的に無理なら、「現実的にできること」をするしかない。

仏壇には「食べ物・飲み物」を大量にお供えする

もし、家に仏壇があるようなら、**故人が好きだった食べ物、飲み物を大量に置いてあげる**といい。

故人がお酒の好きな人であったなら、お酒、甘いものが好きだったら甘いもの、刺身が好きなら刺身でもいい。

「ナマモノを置いてはいけない」という宗教もあるが、気にすることはない。本人が好きなものを置くと、すごく喜ぶ。

私が口寄せ（54ページ）をしていて、「何をしてほしい？」と聞くと、ほとんどの霊が、

「お酒が飲みたい」

「ご飯が食べたい」

「肉が食べたい」

「魚が食べたい」

と、食べることしか言わない。

結局、**人間の欲求で最後に残るのは「食欲」**なのだろう。

除霊をしていても、「お経を読んでほしい」と言う霊は、一人もいない。

悪霊とはいえ、もとはといえば人間なので、「お経」よりも「食べ物、飲み物」のほうが、ありがたいのだろう。

「お経」よりも効く供養の仕方

家に仏壇がなければ、**「その人の好きなものを食べてあげる」**のも、とてもいいと思う。「好きだった食べ物がわからない」ということであれば、日本人であれば誰もが好むようなもの、たとえば、ご飯と味噌汁と漬け物を、

「わからなかったから、ごめんなさい」

と、心を込めていただくだけでもいい。気持ちは必ず伝わるはずだ。

さらに、気がついた時に手を合わせるようにすると、なおいいだろう。そして、

「おばあちゃん、そういえば栗羊羹《ようかん》が好きだったな、今日食べようかな」

と、その程度の感覚で十分だと、私は思う。

ふと故人のことを思い出したら、それは向こうが何かを欲している時だ。だから、そんな時は、故人の好きだったものを口にしてあげる。

それだけでご先祖のご加護が得られ、開運していくだろう。

「不倫」で運気をどん底までさげる人

もう一つ、〝生霊《いきりょう》〟についても述べておこう。

「**不倫がきっかけで、運気がさがった**ような気がするんです。仕事も友人関係も、どんどん悪くなっていて……。不眠症にも悩まされているんですが、これは奥さんの生霊が原因でしょうか？」

と、たまに若い女性が私のもとを訪れることがある。

断言しよう。〝生霊〟という類のものは存在しない。

考えてみてほしい。もし、生きながらにして、相手に呪《のろ》いの念を飛ばすことができるとしたら、アイドルの彼女や人気俳優の奥さんは、とっくに亡くなっている。

ちょっと前に、人気若手俳優が次々に結婚を発表し、世の女性たちを落胆させたが、もし生霊が存在していたならば、そのお相手は軒並みアウトだろう。

政治家にしてもそうだ。もし、生霊が存在するとしたら、独裁者などとっくに死んでいる。圧政に苦しめられる人が何万人単位で存在する国もあるが、そういう国に限って、独裁者が長生きする。

〝弱い男性〟に惹かれる女性は要注意

不倫をしていて、〝どうも毎日がうまくいかない〟というのなら、相手の男性をもう一度よく見てほしい。見たこともない〝奥さん〟ではなく、**相手の男性にこそ原因があること**のほうが圧倒的に多いからだ。

私は、実は不倫を否定する気がない。もちろん、モラル的にしないにこしたことはないのだが、社会的成功者で不倫経験がないという人は、ほとんどいない。というのも、彼らは、まわりの人があらがえない魅力、引きつけられてしまう強いエネルギーを持っているからだ。昭和の大物芸能人や経営者らを見ても、わかるだろう。

ただ、昨今の男性は、自分に足りないエネルギーを女性に求めることが多々ある。また、自分よりも〝弱い〟男性に惹《ひ》かれる女性も増えた。

結果、男性が女性の、もしくは女性が男性のエネルギーを吸いつくしてしまう、もしくはマイナスのエネルギーがマイナスを呼び、**お互いの運気をどん底までさげてしまう**ことがあるのだ。

「気のせい」で自滅していく人

「自分の成功を妬《ねた》む、同僚や仕事のライバルから生霊を飛ばされている気がする」と言ってくる人もいる。

だが、それもほとんどが**「気のせい」**である。

〝生霊〟を飛ばされている気がする相手というのは、「想定できる存在」ではないだろうか。そして同席している時などに、マイナスの感情をわかりやすく発してくる人もいるだろう。その場合は、こちらのエネルギーを強くすればいい。

その気力がわかないのなら、少し休息を多めにとることだ。自分の心身が弱っている時は、相手のマイナスの感情をモロに受けてしまうだろうが、気力と体力が充実している時は、まったく気にならないはずだ。

同様に、「呪い」の有無についても聞かれるが、これも素人が手を出せる程度のものは、まず効かない。

「人を呪わば穴二つ」という諺《ことわざ》があるが、**呪いをかけた本人も、相手も、「自滅」しているだけ**のことだ。お互いの「気のせい」にすぎないのだ。

したがって、呪い返しの必要もない。

人を呪おうとして自滅してしまうのは、その行為そのものがマイナスのエネルギーに満ちているからだ。

自分のことは棚にあげて、人を妬んだり恨《うら》んだりすることに集中しているのだから、物事が好転するわけがない。

このような運気をさげる行為にいそしむ時間があるのなら、自分をプラスに転換できることに力を傾注すればいいのにと、常々思う。

「霊感」の強い子どもは何を視ているのか

「部屋で機嫌よく遊んでいたうちの子どもが、壁に向かって『バイバーイ』って手を振っていたんです。注意して見ていると、たまに誰かと会話をしているようなそぶりもみせます。

それで『誰と遊んでいたの?』と聞くと、『おばあちゃん』って。気になって、死んだ私の母の写真を見せたら、『この写真の人と遊んでた』って言ったんですけど、大丈夫でしょうか?」

そんな相談を、ご両親から持ちかけられることがあるが、こういった場合、その子どもは、**「ほとんど視えている」**と私は思っている。

というのも、子どもは「感性のみの存在」だからだ。動物的といっても、いいかもしれない。そのため、子どもは成長し、常識や理性を身につけていくにつれ、「視える」という能力を失ってしまう。

「赤ちゃんが、天井のある一点をじーっと見ていることがあるのは、未発達な視力のせい」

と、いわれることもあるが、私が視ると、そこには完全に〝いる〟。

そのため、霊が子どもに取り憑くことも珍しくない。特に**霊感の強い子だと、霊と仲良くなることもある。**

「子どもがたくさんいる場所」はエネルギー量が大きい

ある幼稚園に通う男の子が、ある日、母親に、

「今日はタローちゃんと遊んだの」

と、言い出した。聞くと、ブランコに乗ったり、鬼ごっこをしたりしたという。しかし、母親にはタローという名に覚えがない。

「転園してきた子かな」

と、翌日、幼稚園の先生に〝タローちゃん〟について聞くと、

「そんな子はいませんが……」

と、返答された。

その答えに、どこか引っかかるものを感じたのだろう。母親は私のもとを訪れ、

「どう思われますか？」

と聞いてきた。


私が視たところでは、二十年前か三十年前に車にひかれた子どもの霊のようだった。

もちろん母親は心配した。しかし、こういった場合、悪意のある霊ではないので、

「まず心配はいらない」と、答えた。

というのも、子どもには大人のような利害関係がなく、邪気もない。そのため、子どもは大人に比べて、プラスのエネルギーを多く持つ。物理的な力は弱いが、少々のマイナスのエネルギーなら、はね返す力を持っているのだ。

だから、もし子どもに〝見えた〟と言われても、過剰反応する必要はない。〝そうなのね〟と、やさしく返すだけで十分である。

ちなみに、**パワースポット**といえば、まず神社仏閣を思い浮かべるだろうが、実は、幼稚園や学校、公園などの**小学校低学年までの子どもたちが大勢集まる場所**のほうがパワーをチャージすることができる。

小さい子どもたちはみんな元気で、発散するエネルギーの量が非常に大きいので、直接ふれ合ったり、会話を交わしたりしなくても、子どもがたくさんいる場所にいるだけでパワーを得ることができるのだ。

保育園で保育士をしている人に聞いたのだが、子どもたちが帰宅していなくなったとたん、教室の温度がぐんとさがるという。それほど子どもが放出するエネルギーは大きいのだ。

3章

「運気の波」に乗れる人 乗れない人

……「運勢」を自力で強くしていくための心がけ

「占い」をうまく生かす人、振り回される人

霊能者になる前、私は出版社に勤めていたと書いたが、当時その会社が、勤務時間外は何をしても自由だったこともあり、併行して「占い師」としても活動していた。

私が〝占い〟に興味を持ったのは、高校生の頃である。歴史小説家の五味《ごみ》康祐《こうすけ》氏が手相や観相学の知識をラジオで語っているのを聞き、「私にもできるかも」と、書籍を購入してみたのだ。

一日で信用できると思った。このことがなければ、私は別の人生を歩んでいたかもしれない。そこからカバラ数秘術、タロットと、私は占いにハマっていくのだが、いずれも**「小林の占いは当たる」**と周囲の評判がよかった。

大学生の頃、学園祭で「占いブース」をつくり、五百円で鑑定をした時は、長蛇の

列ができた。その列に、プロの占い師も並んでいたのだが、彼女に、「あなた、霊感もあるみたいだから、プロになりなさい」

とも言われた。

社会人になってからも、たまに友人を占ってあげることがあったが、「よく当たる」という評判を聞いた人物が、

「うちの店で占いをやってみないか？」

と声をかけてくれた。

当時はタロットカードを主に用いていたのだが、出版社勤めを終えた後の、夜だけの営業だったにもかかわらず、人気を博した。そこでもプロから〝霊感もあるんじゃないか〟という声をよくいただいた。

そうした周囲の後押しや、自分でも「割と当たるもんだな。霊能力もあるのかもしれない」と実感していたこともあり、自分の能力に磨きをかけることにしたのだ。

今でも、たまに占いをすることはある。

私は自分のことも〝視る〟ことができるので、占いはお遊びにすぎないが、いい結

果が出るとやはり、うれしい。

運気の〝波〟の見極め方

ただ……私はテレビの占いや雑誌などに掲載されている占いは、一切見ない。

というのも、よく言われるが、多くても十数パターンの〝運命〟の中に、自分の運気が反映されているとは、とても思えないからだ。

人相や手相を見て、〝この人、ただ者じゃないな〟と思うことはある。

だが、同じ生年月日の人間は、同じような性格で、同じような人生を歩むといったようなことは、とうてい納得できない。

ただし、**人間の運気には「波」がある**。いい時もあれば、さえない時もある。その自分の目の前の〝波〟を知りたいと思うなら、ある程度、利用することは間違っていないと思う。

アドバイスをするならば、一週間、もしくは一カ月に数冊の雑誌の占い欄をチェックし、自分のバイオリズムと合っていると思えるものだけを参考にするといいだろう。

知り合いから、

「○○と、△△という雑誌の占いが当たるって聞いたんだけど、見たら言っていることが正反対なんだよね。どっちを参考にしたらいい？」

と相談を受けたことがあるが、

「そんなこと知らないよ」

としか言いようがなかった。占星術、九星気学、四柱推命、すべての結果が一緒だという人は存在しない。占星術では絶好調でも、九星気学ではどん底の人だって大勢いる。

ただ、**人には必ずバイオリズムがある**。

自分のバイオリズムに合っていると思うものを参考にしなさい、としか言いようがないし、生年月日にまつわる占いのほとんどは、私は「その程度のもの」だと思っている。

「自分の未来をしばる言葉」は聞き流す

私がこのようなことを書くのは、実際に**占いを生業《なりわい》にしている〝占い師〟が、私のもとに相談に来る**からだ。

数年前、こんなことがあった。ある占いをしている女性から、

「海外に赴任することになった彼から、『仕事をやめて、結婚してほしい。赴任先についていってほしい』と言われました。どうしたらいいでしょうか？」

と、聞かれた。

「彼のことが好きなら、ついていく他に、選択肢はないんじゃないの？」

と答えると、

「占いによると、私は今年一年は、結婚や恋愛に向いていない年で、環境を変化させ

るとノイローゼになると出てるんです。でも、赴任先に行くのは来月なんです」

と続ける。

「それでも、占い師をやめて、ついていったほうがいいよ」

としか、答えようがなかった。というのも、私の霊視では、その彼氏が二人の女性の間で迷っている姿が見えたからだ。

「でも……今は結婚の時期じゃないんです」

と、女性は言い張る。

説得したが結局、占い師の女性は「一年間、待ってほしい」と彼に告げ、別れを切り出されたそうだ。私から見れば、至極当然である。


その後、彼がどうなったかは知らないが、その占い師は、

「○年後に彼が戻ってくるはずだから、私、待ってるの」

と、四十代になった今でも独身だ。占い稼業もさほど成功しているようには見えない。同じ彼氏を待ち続けるのなら、プロポーズをされた時に応じておけば、何の問題もなかったのに、と思う。その後も、

「自分の未来をしばる占いなら、やめたら？」

と、何度か助言しているが、聞く耳はないようである。

なぜ、「現実的な判断」ができなくなるのか

そう、**占いの最大の欠点は、マイナスの結果をプラスに転じられないこと**なのだ。

頭の柔らかい人なら、

「今の運気はちょっと悪いようだから、気をひきしめていこう」

と、参考程度にすることができるだろうが、占いにハマっている人ほど、頭が固い。

占いの結果通りに人生を構築しようとする。そして、幸せそうな人は少ない。

この占い師の女性に限らない。私のもとを訪れる人で、

「運勢的に、今結婚すると離婚するから、あと二年待ったほうがいいって言われた」

だとか、

「三月で派遣の契約が切られるんですが、占い師に『今動くとロクなことがないから、就職活動は来年まで待て』と言われた」

「不妊治療をして出産したいけれど、私と夫の運勢から見て、三年はやめておいたほうがいいって言われたんです」

といった内容の相談をする人のなんと多いことか。

占いの結果を理由に、二年も結婚を待つことができる男性なんて存在するだろうか。三月に仕事がなくなるのに、来年までどうやって生活するのだろうか。不妊治療が必要な女性にとって三年間という時間がどれほど貴重か、わかっているのだろうか。

占いを「運気のバロメーター」として参考にするのは、大いに結構だ。運気は、ある程度自分でコントロールすることが可能だからだ。

しかし、占いの結果通りに人生を生きようとするのは、まったく愚かなことだと私は思う。

「前世」は、気にしなくてもいい

「私の人生がツイていないのは、前世のせいなんです。だから仕方がないんです」

「前世が見えるという霊能者に見てもらったら、あの人とは因縁があって別れられないと言われました」

といった話を聞くことがある。

しかし、前世、カルマ、輪廻《りんね》転生《てんしょう》を持ち出すタイプの霊能者には、注意を促したい。

というのも、**前世は「裏」がとれるわけではない**し、「前世が見える」という人物が十人いれば十人、全部別の前世を指摘してくるからだ。

「人は輪廻転生をくり返していて、いくつもの〝過去生〟を経験しているから、〝見える〟前世が違ってもおかしくない」

と、反論する人も中にはいる。

大切なのは「今」をどう生きるか

私は〝前世〟について否定しているわけではない。退行催眠といわれる医学療法の話を聞くと、なるほどと思わされる部分もある。

もちろん、前世が見える占い師もいるだろう。しかし、本当に見える人は百人中一人にも満たないし、前世を見て得た結果を、今を生きるその人をしばりつける理由にするのは、ナンセンスだ。

だから、安易に前世の話を持ち出し、しかも鑑定結果を改善するための「対処法」を教えない占い師や霊能者には要注意である。

前世といえば、三十代前半の女性の相談者が、こんなことを言い出した。

「結婚五年目の夫と離婚をしたいのですが、離婚をしても問題はないでしょうか?」

聞くと、彼女と夫とは、もともと職場の先輩・後輩の関係だったという。

指導を担当してくれた十歳年上の先輩から、叱咤《しった》激励《げきれい》を受けているうちに恋愛感情を抱くようになり、二人は結婚。夫の給料だけで十分生活できることもあって、女性はそのまま、退職した。

しかし、結婚して半年も経たないうちから、夫に暴言をあびせられるようになった。「年増、ばばあ」といった年齢的なものから、「料理がまずい、掃除がヘタ」といった家事をけなすようなものまでさまざまで、最近は浮気をしているような気配もあるという。

そこで、とある霊能者に相談したところ、
「それは、あなた方二人のカルマに原因がある」
と言われたのだそうだ。曰く、前世では、彼女は主人、夫は奉公人という主従関係にあった。そのため今世になって立場を逆転させ、魂の向上と浄化を図っているのだという。

実にバカバカしい話だ。
女性に夫に対する感情を聞くと、

「好きで結婚したのだから」

「三十歳も過ぎて、働く場所があるか心配で」

「子どもができたら、また関係も変わるかも」

と、ぼそぼそと言う。

しかし、私のところに来たということは、その前世診断に納得がいっていないという何よりの証である。今の生活に「問題がある」と思っているわけだ。

そこで、霊視をして彼女に改善ポイントを伝え、夫とは別れるように促した。

その後、彼女は思いきって別れを決断した。就職先も見つかり、いい出会いにも恵まれるなど、着実に新しい人生を歩んでいる。

楽をしながら運気をあげるコツ

「小林さんは霊能力を磨く時、どんな修行をされたんですか？」
と、聞かれることもあるが、よく言われる苦行荒行の類を、私は一切していない。
中には、それでいい方向に行く人もいるだろうが、私は逆に、自分がリラックスできることを最優先に考えて、能力を磨いてきた。

たとえば、冬場に滝に打たれるのなら、ゆっくりと温泉につかる。日頃、除霊などで精神をすり減らしているせいもあるのだろう。**リラックスできる時はリラックスをしたほうが、能力がつきやすい**からだ。

一流のスポーツ選手も「リラックスする時間」や**「平常心」**を大切にしているが、

それと同じだ。常に緊張状態にあると、いざという時に力が出ない。努力もいいが、リラックス状態のほうが人間はいいアイデアが生まれる。

楽をしながら運気をあげようというのが、私の根本なのだ。

効果てきめん！　エネルギーのチャージ法

最もいい方法は、やはり**パワースポットでパワーをチャージ**することだ。

たとえば、時間に少しゆとりがある時などに、私は自分の家からさほど遠くないパワースポットを三〜四カ所巡るようにしている。

すると、効果はてきめんで、面白いほど仕事の依頼が入ったり、いい「縁」が結ばれたりする。

私が行くパワースポットには神社仏閣もあるが、神様に祈るようなことはあまりしない。ひたすらその土地のエネルギーを体にチャージしている自分をイメージする。

自然が豊かであるほどいい。そこが古代から地元の人々によって崇《あが》められてきた場所なら、なおいい。自然を畏怖《いふ》し、その恩恵にあずかってきた古代人たちは、特別なエネルギーの磁場を恐ろしいほど心得ているからだ。

また、運気が悪い時ほど試してみてほしい運気アップ法もある。

簡単にいえば、**食生活などの習慣を思い切って百八十度変える**というものだ。具体的な方法は後ほど述べよう。

とにかく、日常生活に置き換えて考えてみてほしいが、人と同じようなことをしていても、人と同等か、それ以下の成果しか得られない。

運気が悪いなと感じている時ほど、自分独自の方法を試してみてほしい。そうすれば、運気は確実に変えられる。

持つだけでお守りになる「パワーアイテム」とは

運気をどうにかしてアップしようと、パワーストーンを購入する人は多い。

よく雑誌の広告に〝この石を持っているだけで幸せになれる〟という商品が紹介されているが、私は信じていない。

人にはそれぞれの波動があることを考えると、「誰にでも効く石」が小遣い程度の価格で購入できるとは考えにくいからだ。

それならば、と、

「どんな石が私に向いていますか？」

と聞かれることもあるが、

「石では幸せにならないよ」

と、答えている。

特別なパワーを秘めている石は、確かにある。

しかし、石には、その土地の気がそのまま込められている。同じ種類の石でも、自然の気に満ちあふれたAという場所で採掘されたものと、古戦場跡のBという場所で採掘されたものとでは、自ずから波動が違ってくる。

前者の石は、間違いなく運気を高めてくれるだろうが、後者の石は、マイナスのエネルギーを帯びていることだろう。

私がパワーストーン・ショップについていき、相談者とのエネルギーの相性を見ながら選ぶのであれば、石でも運気のアップが目指せるかもしれない。また、その石についているマイナス・エネルギーを取り除き、その人の波動に合わせたエネルギーを注入するなら話は別だろう。だが、現実的ではない。

運気をあげるアクセサリーの選び方

と言いつつも、私は自分の運気をあげるため、金のネックレスをつけている。**アクセサリーは、運気アップにつながる重要なアイテム**になり得るからだ。

では、どんなアクセサリーがいいのか。

それは、**金やプラチナ、ダイヤモンドなど光り輝く素材**のものだ。**光を受け、増幅して返すものは、運気をあげてくれる。**

その中でもさらに、自分の運気をアップしてくれるものを選びたいなら、こんな方法もある。

興味を持ったアクセサリーを、自分の利き手の手のひらのまん中で持ち、軽く握り、十秒ほど目をつぶる。

自分の波動と相性がよければ、温かみを感じたり、気分が落ち着いてきたりするだろう。〝波動が共鳴している〟のだ。

逆に、単なる〝塊〟のように感じるのなら、そのアクセサリーとの相性は悪い。この方法だと、特に霊感がない人でも判別できる。自分のラッキーカラー（209～212ページ参照）の石を選ぶのもいいだろう。

男性は「腕時計」にここまで注意を払え

この「利き手の手のひらのまん中で持つ」という方法は、男性でも、ネクタイピンやカフスボタンを選ぶ時にぜひ試してほしい。

そして男性の場合、運気をアップさせるアイテムとして、**腕時計**がある。腕時計に関しては、女性よりも男性のほうに大きな霊的影響を与えてくれるのだ。

では、どのような時計を選ぶのが効果的か。

デジタルよりもアナログ、デザインもオーソドックスなもの、ベルトは革よりも金属がベターだ。できれば、長く使えるものがいい。

代々使われている腕時計があるなら、それを大切に使うと、さらに運気をあげてくれる。前の持ち主が強運であれば、その運を引き継ぐこともできる。

「いつも通り」を変えてみる

運とは、その人が持つエネルギーだと述べたが、そのエネルギーは「川の流れ」に似ているといってもいいだろう。

川の流れが停滞していると、水が淀み、腐ってしまうように、自分に流れ込んできたエネルギーをいい形で循環させていかなければ、人生も停滞してしまうのだ。

もしも最近、「どうも人生が停滞している」と感じているのであれば、思い切って**「流れ」を変えるアクションを起こす**ことだ。

やり方は簡単だ。最も手っとり早い方法は、**通勤や通学のルートを変えてみる**ことだ。勤務先が近いのなら、マイカー通勤を自転車通勤に変えてもいいし、電車を利用している人は、一つ先の駅から乗車するようにしてもいいだろう。

ファッションを変えるのも効果的だ。

いつもネクタイをしていない人ならネクタイをしてみる。反対にネクタイをしている人は外してみる。Tシャツ姿が多いのなら、ポロシャツに変えてみてもいい。

メガネを新調したり、**美容院を変える**のもおすすめだ。

特にメガネは、顔の印象をも決める重要なアイテムだ。かけているメガネのせいで顔が暗く見えるのなら、コンタクトにしてもいいし、逆にコンタクトだと顔の印象がキツく見えるのなら、メガネに変えてみてほしい。

「メガネを変えた」だけで人生が大好転

私の友人に、学生時代から失恋続きだったという人物がいる。常に気になる相手がいるようだから、恋愛体質といえるのだろうが、うまくいかない。

ある時、久しぶりに会ったのだが、学生時代からまったく変わっていなかった。そう、**まったく変わっていない**のだ。

特に、メガネが古くさく、しかもフチが欠けていた。思わず、

「メガネだけでも、今風のものに変えろ」

と、アドバイスをした。

時代から取り残されたような印象を受けたのはもちろんだが、〝人から見える部分に傷がある〟（メガネのフチが欠けている）という点で、彼からはマイナスのエネルギーしか感じられなかったからだ。これでは、モテるわけがない。

先日、その友人から結婚の連絡を受けた。披露宴会場で見た彼のメガネは、高級そうなものだった。

「おお！　メガネ、変えたんだな」

と言うと、その後、メガネショップに行き、数本購入したのだという。披露宴当日にかけていたメガネは、「嫁が選んでくれたんだ」と、新婦のほうを向きながらうれしそうに笑っていた。

昔、「女性は失恋をしたら髪を切る」などとよくいわれたが、恐らくそれは、**「いつ**

も通り」のスタイルを変えることで、無意識のうちに「運」との上手なつきあい方を実践していたのだろうと思う。

その他にも、女性であれば、口紅やアイシャドウの色を変えるなど、**メイク法を見直す**のも一つの手だ。

バッグや財布などを変えるのもいい。自分の身のまわりのグッズも、その人の運気に影響を与えるからだ。

できればブランドものが、てきめんに運気をアップさせてくれる。なぜなら、それらの品は、〝高品質で美しいものを〟と、念入りにつくられ、丁寧に売られていることが多いからだ。

もし、「欲しい」と感じたものが高額であれば、中古品でもかまわないが、偽ブランドものだけは避けること。マイナスのエネルギーが込められているケースがほとんどだからだ。

〝天職〟はあるのか

私の霊視鑑定の依頼では〝**仕事**〟に関するものが比較的多い。

これまで仕事に関する鑑定の顧客は、企業のトップクラスの人物やビジネスマンが多かったのだが、最近は女性からの相談も増えてきた。

ただ、男性と女性では、相談内容が若干、異なる。

男性だと「独立すべきタイミングはいつか」とか、「社名をどうしたらいいか」「今後の会社の展望は」といった、現在の仕事や職種の継続を前提にしたような内容が多い。

一方、女性から受ける相談のほとんどは、「私の才能は、今の仕事に合っているでしょうか？」といった、〝転職〟にまつわるものだ。

それだけバイタリティあふれる女性が増え、その活躍の場も広がっているということかもしれない。

「好きなこと」と「仕事に向くこと」は別

実は、鑑定をしていると、「確かに、彼女の言う通り、今の仕事は向いていないいな」と思うことは少なくない。

「好き」もしくは「才能がある」を理由に仕事を選んだのだろうが、実は「好き」や「才能がある」と、「仕事に向く」こととは、まったく別だからだ。

たとえば、あなたが料理好きだったとする。しかし、どんなに料理をつくるのがうまくても、飲食店を経営して成功できるかどうかは別問題だ。

というのも、飲食店を経営するには「料理の腕」だけでなく、店の立地選び、店舗の内装の工夫、スタッフの育成、コスト計算といった「経営面での才能」も必要になってくるからだ。

ちなみに、私がこういった鑑定をする場合、まず「現在の仕事の選択は正しいかどうか」を念頭に置き、霊視をする。

もし正しければ、成功している像が映画のようにリアルな映像で見える。早送りやコマ送りで見えてくることもある。

逆に、向いていない場合は、さえない様子の映像が浮かび上がってくる。この場合は〝他に憧れていた職業〟をヒアリングし、さらに霊視で未来を見ていく。

背後霊に「花魁」を持つ女性が大成功した職業とは——?

そういえば、霊視をしてアドバイスをした結果、大成功を収められた面白いケースがある。

A子さんは当時、とある企業に勤務していたが、

「仕事が退屈で楽しくないんです。他に自分に向いた職業はないでしょうか」

と、相談に来た。

霊視で未来像を見るまでもなく、A子さんに目をやったとたん、彼女の頭の後ろに何本もの長い棒が出ている像が見えた。もちろん、実際にはA子さんは頭に何もつけていない。驚いて見直してみると、それはA子さんの背後霊、江戸時代に活躍していた花魁《おいらん》のかんざしだった。

ちなみに、A子さんはとりたてて美人でも、派手なタイプでもない。水商売の経験もないし、やってみたいと思ったことすらないという。

しかし、まじまじと背後霊を見ると、その花魁は大変な売れっ子だったようだ。花魁といえば最高級の美貌を持つだけでなく、芸事や話術にも長《た》けた、有名大名や大旦那を相手にするようなトップクラスの遊女である。

霊視した結果を伝えた上で、

「水商売をやってみないのは、もったいない」

「アルバイトからでもいいから、始めてみたらどう？」

とすすめてみた。

その後、連絡がなく、私も忘れかけていた頃、彼女が私の事務所を訪れた。聞くと、めきめきと才能を発揮して、あっという間にクラブを四軒も持つオーナーママになったのだという。今でも、いずれも大繁盛しているようだ。

「やってみたらとすすめられたし、花魁が背後霊だなんて面白そうだし、生活費の足しにでもなればいいか、程度の気持ちで始めたんですけどね」

と言って笑っていたが、この場合は、まったく思ってもみなかった業種が仕事に向いていた、つまり〝天職〟だったのだろう。

「仕事で何を得たいのか」を見極める

〝天職〟を見極めたおかげで、大成功を収めた例を紹介したが、天職につけたからといって、必ずしもそれがお金に直結するわけではない。

ここが仕事の鑑定をする上で難しい点なのだが、人間は仕事をするために生きているわけではない。生きるために仕事をしている。

そのため、**人生において〝仕事〟にどれだけのウエイトを置くか**で、見極め方も変わってくる。

つまり、「生活の満足度」「仕事の満足度」「金銭面での成功」を天秤《てんびん》にかける必要があるのだ。

そこで鑑定をする際は、私は具体的な要望がない限り、〝お金がついてくるかどうか〞よりも、相談を持ちかけられた仕事が〝その人に向いているか、向いていないか〞にウエイトを置いて判断する。

その上で、

「あなたに向いている仕事は、お金になるよ、ぜひ始めるべきだ」

もしくは、

「あなたに向いている仕事は、お金にはならない。それでもよければ、やってみる価値はある」

といったふうに、アドバイスをする。

「アクション」を起こすから運もついてくる

さらに仕事に関していえば、〝天職〞がない場合もある。

というのも、何もアクションを起こさないような情熱のない人、怠慢な人に、〝天職〞というものは、まず存在しないからだ。

前述した〝花魁の背後霊〞を持つ女性は特殊なケースで、十人に一人もいない。だ

から、

「私の〝天職〟を教えてください」

と言われても、答えられないことがある。

天職は、その人自身が何らかのアクションを起こし続けることで、はじめて巡り合えるものだからだ。

そういう点では、〝天職〟は、〝運命の相手〟と言い換えてもいいかもしれない。

そして、自分からアクションを起こせる人は、「天職を探そう」と思うよりも、少しでも興味を持ったものがあれば「とりあえず、かじってみよう」程度のスタンスで取り組んでいる。

この段階ではまだ、仕事に向く、向かない以前の問題だ。

ある程度、その仕事に取り組むことで、「この仕事、好きかもしれない」と思えるようになってくる。そう思えてきたら、次の段階として、「職業として自分に向いているのかな？」と意識してみればいい。

そして、たとえそれが「職業として自分には向いていなかった」としても、少なくとも「好き」というモチベーションで、仕事を続けていくことはできるだろう。

まずは「副業」として始めてみる

ただ、興味を持てることを見つけたとしても、その業界にいきなり転職しようとするのは早計だ。必ず猶予期間を置こう。

くり返すが、その職業が運よく〝天職〟だったとしても、それで高い収入を得られるかどうかは別問題だからだ。

たとえば、もしも、あなたが指先を使うのが好きで、ビーズアクセサリーをつくることに興味を持ったとしよう。それならば、まずは副業にすればいい。一定期間試してみて、その副業でも生活が成り立ちそうであれば、そちらを本業にすればいい。

ちなみに、**副業が順調だと、不思議と本業のほうもうまくいく**ことが多い。

さて、ここで仕事で悩んでいる人のためにチェックリストをつくってみた。もし、チェックをした項目が多ければ、今、あなたがついている職業は〝天職〟に近い。

【〝天職〟かどうかを見分けるチェックリスト】

- □ 自分がやりたいと思った職業についている
- □ 自分が望んでいた職業ではないが、学びが大きい
- □ 仕事が楽しい
- □ お給料に満足している
- □ 朝起きるのがつらくない
- □ 休日の翌朝も「今日も頑張ろう」と思える
- □ 今の職業で三年後、ステップアップした自分がイメージできる
- □ 今の職業で自分に与えられている課題がわかる

「頑張っても、報われない」を抜け出すヒント

「頑張っても、頑張っても、まわりが認めてくれません」

「結婚をしたいのですが、仕事ばかりで異性と出会う時間がない」

鑑定をしていると、こういった声を聞くことは少なくない。そして、そのたびに、首をかしげてしまう。

まず、「頑張り」については、その人の自己評価にすぎない。仕事において必要なのは「結果」であって、「頑張ったという過程」は仕事を管理する側にとっては、自己満足の押し売りでしかない。

また、「出会いのなさ」を嘆く人のほとんどは、アクションを起こしていないだけ。何も行動していないにもかかわらず、結果を求めるのは感心しない。

この二つの嘆きには、大きな共通点がある。それは〝**人に多くを求めすぎる**〟という点だ。

〝おねだり体質〟のままでは開運できない

運気をさげるワードの中に、

「ちょうだい」

「ずるい」

というものがある。

なぜ、この言葉が運気をさげるのか。それは、人の評価や頑張りを横取りしようとする、セコい考えが根底にあるからだ。

こういった**おねだり体質、たかり根性は、幸せになりたいと願うなら、御法度**だ。

では、どうしたらいいか。最初にやるべきことは、**目標を明確にすること**だ。

たとえば、私の場合は、「自分の霊能力を高めること」を今も目標にしている。

霊能者として本格的に活動を始めた三十年前、実は私の能力は〝霊が見える〟〝人の未来がわかる〟程度だった。

つまり、除霊をしたり、霊能力を使った特異気功（霊能力を使った身体の癒し、改善、自己完治能力の向上）ができるほど高くはなかった。

「この人はスゴい」と感じたのは、美輪明宏さんぐらいだったが、それでも〝この人の能力をいつか追い抜きたい〟と、がむしゃらに努力を続けてきた。

「美輪明宏」という目標がなければ、私は能力をここまで伸ばせなかったかもしれない。

〝決心〟して「トライ」するから結果がついてくる

これは、霊能力者に限ったことではない。

「いつか、あの人を抜きたい」という目標は、自分を高めるために不可欠だ。はるかに遠い目標でもいい。決心してトライを始めないと、いつまで経っても現状から抜け出せないまま終わってしまう。

もちろん、目標を明確にして決心し、トライを始めても、失敗に終わることもあるだろう。そうしたら別のことを始めればいい。**失敗の経験は、必ず生かされる**はずだ。

恋愛や結婚にしてもそうだ。「出会いがない」のなら、出会いを求めるべきである。**男性も女性も、モテる人はマメ**だ。

ルックスがさほどいいわけでもないのに、「なんでこんな人に、いつも美人がくっついているのか？」という男性は珍しくないが、だいたいそういう人はマメだ。そして、仕事も忙しい。

仕事が暇な人ほど、趣味がなく、恋愛に縁のないケースは多い。

現状がうまくいっていないなら、**「不満を口に出す前に、動く」**と心に刻んで行動を起こすことだ。

4章

最高の「縁」を手に入れる秘術

……誰とつきあうかで、人生の展開が変わる

「良縁」を結ぶ人、「悪縁」に苦しむ人

人と人との「縁」は、親子関係など、生まれながらにして存在するものもある。

ただ、実に流動的なもので、運がいいと、どんどんいい縁ができる一方、いったん運が悪くなると、どんどん悪い縁が生み出されていく。

「縁」は、運と同じで、努力しだいで、いくらでも変えることができる。

その人の縁、つまり人間関係は、運、エネルギーに見合うかたちでつくり出されるのだ。

「良縁」であれ「悪縁」であれ、人生では出会うべき人に、出会うべき時に巡り合うよう、大まかに決められている。これは「先天的な運命」のようなもので、個人差がありすぎて占いの類では予見できないし、変えることもできない。

芝居でたとえると、主要キャストと彼らが舞台に登場するタイミングが、自分の計り知れないところですでに決められている、というようなものだ。

もっとも、「通行人A」クラスの端役《はやく》の「悪縁」なら、運気をあげることで、彼らを登場させないですませることもできる。しかし、準主役級の「悪縁」ともなると、避けて通ることはできない。

「悪縁」を切ると「良縁」が結ばれていく

そして、ここで伝えたいのは、「悪縁」や「くされ縁」に関しては、あなたに「人生の意味」を伝えようとして現われるわけではないということだ。もちろん、あなたの人生を豊かにすることもなく、来世をよりよくしてくれるわけでもない。

〝人生という道路に、たまたま転がっている石みたいなもの〟と考えるほうが賢明だ。だから、〝この相手は、自分にとって悪縁だ〟と思ったら、さっさと関係を断ってしまおう。

くり返すが、あなたの人生の舞台に主役級や準主役級の悪縁の相手が出演してくるのを止めることはできない。しかし、「悪縁だ」と見抜くことはできるし、関係を切れば、あなたの人生に被害が及ぶのを避けることはできる。

むしろ、その「悪縁」を切ることで、「良縁」が結ばれることも少なくない。

それは「霊障」ではなく本人の「怠慢」

この「悪縁」を〝霊障のせい〟ではないかと、心配する人も少なくない。しかし、あなたの身に〝霊障〟が起きている場合は、あなた自身が変えられてしまう。

たとえば、早起きで几帳面で義理堅い人が、ある時を境に、昼過ぎになってもベッドの中でごろごろするようになったり、ルーズで傍若無人《ぼうじゃくぶじん》になったりする。あるいは下戸《げこ》だった人が急に、一升瓶が手放せなくなったりする。

つまり、霊障が現われる前と後では、まるで人が変わったように明らかに人相や性格や行動が変わってしまうのだ。

私が言いたいのは、霊障が悪縁を招く場合は、その人自身の内面にも、悪い変化が

必ずあるということだ。自分の生活に大した変化はないものの、

「ひょんなことからつきあうことになった女性が大変な浪費家で、散々、貢《みつ》がされたあげく、音信不通になった」

とか、

「人事異動で上司になった人が傲慢《ごうまん》で、毎日振り回されている」

といった類のものは、まったく霊には関係ない。

また、前世などの因縁が悪縁をもたらしているケースは、相談者が百人いたら、そのうち三人程度だ。これも心配する必要はない。

とはいえ、やみくもに「不快な相手とは縁を切れ」とおすすめしているわけではない。社会の一員である以上は、**ある程度、歩み寄る努力も必要**だ。

「自分の意見を聞いてもらえない」「思い通りにならない」から「友だちをやめる」「交際をやめる」というケースは、「悪縁」とはいえず、明らかに本人が悪い。

まあ、こうした人たちの場合は、縁を切った相手から感謝されそうではあるが……。

〝運気〟があがれば「運命の人」も変わる

こうして「縁」について語っていると、「運命の人」というフレーズが提示されることがよくある。

人と人との「縁」が大まかに決まっているように、「運命の人」というのも存在する。しかし、〝運〟という漢字がつくだけあって、その人の運気によって、「運命の人」が変わることは珍しくない。

私の知人に、再婚をした人がいる。

実は、彼が最初の結婚をする時、私は知人に、

「次の奥さんは、こういう人だよ」

と、年齢や風貌、職業、タイミングについて語っていた。

知人は〝縁起でもないな〟と思ったそうだが、再婚相手の年齢も容姿も職業も、すべて私が予知した通りになった。

結婚相手を「運命の人」というのなら、「運命の人」が変わる場合もある。

こう書くと怒られそうだが、「最初の結婚時の彼のレベルだと、当時の妻だ」ということなのだ。

ちなみに、私は〝結婚相手はどんな人か〟を霊視してほしいと頼まれると、その人の十年後の様子を視る。

そして、私の知人のケースでは、最初の結婚をした当時、彼には立ちあげようとしていたビジネスがあったのだが、成功の未来が視えた。実際に、その後、彼のビジネスは軌道にのっていったが、**自分の運命が好転していく過程で、「運命の相手」も変わってしまった**ということなのだろう。

そうして彼は最初の妻と別れ、彼の現在の妻に出会った。

知人に、彼の二人目の妻を紹介された時、「小林さんに言われた通りになったね」

と言われ、〝運命の人って変わるんだな〟と実感したものだ。

その人との「つきあい」を控えたほうがよいとき

人に〝レベル〟という言葉を使うのは失礼かもしれない。しかし、運気があがれば「運命の人」のレベルもあがるし、運気がさがれば「運命の人」のレベルはガクンとさがる。

なぜなら、「運命の人」とは、少なからず〝波動が合う人〟だからだ。

最初に「運とは、その人のエネルギーの大きさである」と書いたが、そのエネルギーの特徴を表わすのが波動だ。

波動とは、わかりやすく説明すると、「個々の人々が持っているエネルギーの特性」、もしくは「エネルギーの色」ともいえるだろう。

異性でも同性でも、人と人とがつきあう時に「気が合う」という言い方をするが、それは互いが似た波動を持っているからだ。

逆に、学生時代は仲がよかったのに、社会人になって数年経過し、感動の再会を果たしたにもかかわらず、〝何となく、かみ合わないな〟と感じたのなら、それはどちらかの波動が変わってしまったのである。

その波動について「相手のほうがよさそうだ」と感じるのなら、積極的につきあいを継続するといいだろう。しかし、相手のレベルが低いなと感じたら、悲しいことだが、つきあいを控えたほうがいいかもしれない。運気のないほうへ、引きずられることも多々あるからだ。

「好きなのにうまくいかない」関係とは

お互いが好意を抱いているにもかかわらず、いざ、つきあうとうまくいかない、といったことは、人間関係ではよく起こる。恋愛関係だけでなく、友情、ビジネス、親子の間ですら、〝どうもうまくいかない〟といった現象はよく起こる。

これは、相手と「悪縁」もしくは「くされ縁」で結ばれているからだ。

「悪縁」を見抜くのは簡単だ。出会った瞬間に、相手に対して不快感を覚えたり、実生活にもわかりやすい影響が出たりするからだ。

しかし、「くされ縁」となると、運気をさげてしまう相手にもかかわらず、なかなか離れられないから、やっかいだ。波動が合うだけに、相手の「いい部分」も認めてしまうのだ。

たとえば、友人に〝時間やお金にルーズだけど、人の悪口は言わないし、気はいいヤツ〟という人間がいたとする。

しかし、考えてみてほしい。彼は、取引先との打ち合わせや、大事な会議の時も、遅刻をするだろうか。上司との大切な面談に、遅れてやってくるだろうか。

「悪いところもあるけれど、いいところもある」という人間は、たいていあなたにとって、あまりいい影響をもたらさない人間だ。

これが典型的な「くされ縁」だ

こんな依頼者がいた。彼には、おつきあいをしている女性がいる。その女性は顔もスタイルも気立てもよく、仕事も真面目にしているようだ。

しかし、買い物依存症の気《け》があり、月々のローンに追われているという。また、ルーズで部屋が壊滅的に汚い。

「つきあって七年目になるのですが、お互い、とうに三十歳を超えてしまいました。

そんな彼女と結婚してもいいものでしょうか？　彼女をどうやったら変えられますか？　それとも私が変わったほうがいいですか？」

という相談を彼からうけた。霊視をしたところ、このまま結婚をすると、彼は彼女の負債に追われ、結局、離婚をするという人生が見えた。

伝えると、「そうですか」とつぶやき、すでに彼女の生活の面倒を見ていること、いくらかお金を貸していることを告白してきた。

〝キレイに装っている彼女が見たいから〟と、間接的に、彼女の買い物依存症を助長していたのだ。

典型的な〝くされ縁〟である。

「一目惚れ」はプラス？　マイナス？

「一目惚れ」という現象があるが、これは出会った瞬間、〝自分と同じ波動の持ち主だ〟と感じることによって起こる。

一般的には、同じ波動の人はエネルギーを高め合う。そのため、プラスの相乗効果をもたらすことが多いが、どちらか一方がエネルギー的にマイナスだと、波動が合う分、みるみるうちに相手のプラス分を吸収し、マイナスにしてしまう。

しかし、波動が合うからこそ、縁を切ろうとしても、それができないという泥沼状態に陥る。そうなると、人生は苦労の連続になる。

まして結婚などしようものなら、人生の展望が閉ざされる。つまり、好きな相手にもかかわらず、幸せにはなれないのだ。

では、どうすればいいか。それは、「好きになった相手が、自分の運気をあげてくれる存在か否か、見極めてからつきあう」ことだ。

〝波動〟の合う、合わないは、一瞬でわかることが多い。しかし、相手が運気をあげてくれる存在かどうかを知るには、会う頻度にもよるだろうが、一〜三カ月はかかる。

そう考えると**「スピード婚約」や「電撃結婚」がどれだけリスキーか**が、わかるだろう。

たまに、

「出会った瞬間に恋に落ちて結婚を決めたんですが、やっぱり気になるので見てください」

という鑑定の依頼がくる。そういう人たちを霊視すると、たいてい相手との相性はよくない。そもそも私のところに来ている時点で、自分の心の奥底に赤信号が灯《とも》ってはいるのだろう。

「今はいいけど、彼はわがままだし、苦労するよ。やめたほうがいいよ」

などと忠告をして帰すのだが、そのまま結婚してしまうケースも多い。

一方で、

「どうでもいいと思っている男性から、結婚を前提につきあってほしいと言われたのですが、断ったほうがいいですか?」

と聞かれることもある。

実は、こういうケースのほうが割とうまくいく。こちらもやはり、すぐに〝断る〟という選択肢を選ばず、私のところに来た時点で、その相手とは何らかの「縁」があったのだろう。

「ちょっと変だ……」その違和感はたいてい正しい

私は、恋愛や結婚に関する霊視の相談を受けることも多い。なかには、

「夫からDVに遭っています。何度も離婚しようと思ったのですが、暴力さえふるわなければ、とてもいい人なんです。なんとか直す方法はありませんか?」

という相談を受けることも多々ある。

「自分以外の異性と平気でつきあう」「お金を要求してくる」「暴言がひどい」「暴力をふるわれる」……。

このように目に見えて実害があるのなら、これはすでに「くされ縁」ではなく、「悪縁」だ。

私は常々、
「いくら波動が合ったとしても、くされ縁はさっさと断ち切ったほうがいい」
と、忠告しているが、それは「くされ縁」は「悪縁」に発展するケースが多いからだ。

前述の夫のDVに悩む妻のケースだと、夫の暴力癖は直らないケースがほとんどだ。直そうとするのは、暴力団を懐柔するのに近い。くされ縁にしても悪縁にしても、〝断ち切る〟しか方法はない。

いつまでもかかずらわっていると、運気が落ちるだけでなく、病気になったり、自ら死を選んだりと、取り返しがつかなくなることもある。

しかし、たとえ別れられたとしても、運、つまりエネルギーが限りなくゼロに近くなってしまっているので、よっぽどの注意が必要だ。

ここで気を入れて生活を立て直さなければ、次の相手もまた、似たようなタイプを選んでしまうことになるからだ。

「愛情」と「同情」をはき違えない

マイナスのスパイラルが及ぼす影響は恐ろしい。妻に日常的にDVをしていた男性が、再婚相手に対してはまったく手をあげず、やさしい家庭人として尽くすようになったというケースもある。

もっとも、これは珍しいケースではあるが、前妻が夫にひそむ加虐性や攻撃性を刺激していたというわけだ。こうなると、被害者の前妻だけでなく、加害者側だった夫もまた、前の結婚生活は〝不幸だった〟ということになる。

今現在、パートナーからの暴言や暴力に悩まされている人に考えてもらいたいのは、**「愛情」と「同情」をはき違えてはいけない**ということだ。

「私がいなければ、この人はダメになってしまう」

という言葉を、こういった鑑定をしているとよく聞くが、そんなことはない。

それは、対会社でも同じだ。

「オレがいなければ、この会社はつぶれる」

という発言を耳にすることがあるが、その人物がいなくなった後に、つぶれた会社など見たことがない。

「自分がいなければ、○○はダメになる」といったセリフを吐く人ほど、対象に依存しているケースが多い。そして、依存性を見抜いた相手につけ込まれ、侮られる。

しかし本人は、「自分は頼られる存在なのだ」と、安心感を覚えるのだ。

とにかく、こうした悪縁を人生に呼び込まないためには、相手がどういう人かまだよくわからないうちは、様子をしっかりと見ることだ。

そして、時間が経つにつれて、「あれ？」という言動が見え、**「ちょっと変だな。違うかも」**と感じたら、それが**「危険を知らせるサイン」**だと心得ておこう。

どんなパートナーを選べば開運していくか

では、人生の伴侶に、どのような人物を選ぶべきか。

個人の〝波長〟に関係なく、「運気をあげる人」「運気をさげる人」のパターンは普遍的に存在する。

どんなに美形でも、**近づくとヒヤッとする人**は、間違いなく避けたほうがいい。そばにいて〝緊張する〟相手とか、〝冷たい〟と感じる人も、一時的には「いいこと」があるかもしれないが、つきあうことであなたの運気をどんどんさげる。

この冷ややかな感じを、〝刺激的〟と錯覚する人は多いが、注意が必要だ。どんなに相手が、自分に気があるようなそぶりをみせても、近づかないことだ。

一方で、**ほんわかと温かく、癒されるような印象を受ける人**は、運気をあげてくれることが多い。東京のガサガサしたところにあるホテルと、温泉地や南の楽園リゾートくらいの違いがあると言えば、わかりやすいだろうか。

どんなパートナーを選べば運気があがるかについては、1章で紹介した、「あなたの運気をあげる人」と「あなたの運気をさげる人」のリストも参考になるだろう。それ以外にも、特に重要な判断ポイントについて、以下に見ていこう。

ポイントは「清潔感」「顔色」「話し方」

まず、**「清潔感」**のない人は、絶対にいい運気を与えてくれる人ではない。汚い服、傷んだ持ち物、乱雑な部屋は運気をさげる要素を持つが、同様に清潔感がない人間は、マイナスの気を発しているからだ。

「顔色」は、健康のバロメーターともいえるだろう。もちろん、いいほうが運気をあげる。日焼けをしている人だと判別しにくいが、赤ら顔や青白い顔色の人がプラスのエネルギーを持っている例はほとんどない。

また、**「好き嫌い」が激しくない人**を選んだほうがいい。「執着」や「こだわり」は運気をさげるからだ。

「話し方」は、〝覇気が感じられるか〟や、〝不快な話し方ではないか〟を見る。大声を出しているわけではないのに声が通る人は、エネルギーに満ちた人と思っていいだろう。

そして、運気を高めるためには、すべてにおいて**「バランスがとれていること」**が必要だ。新聞に書かれているようなニュースも知らない**「一般常識」**のない人間は、それだけで失格と考えていいだろう。

仕草や表情でいうと、食べ方が汚い人は運気をさげる。異常な大食漢というのも問題だ。「いじきたない」「執着している」という印象を与える人に、運気のいい人間は、まずいない。

他にも、「時間を守る人か」「金銭感覚がしっかりしているか」「軽薄な印象がないか」「しつこくないか」「人に迷惑をかけないか」「落ち着いているか」なども、チェック項目にあげられるだろう。

つまり、**人に好感を与える人間は、一緒にいることでプラスのエネルギーを与えてくれる**が、不快感を与える人間は、マイナスのエネルギーをあびせてくる存在でしかないのだ。

“現状維持”が精一杯の人、「夢」を語って階段を上る人

それは、メンタル面でも同様だ。会話をしていて、

「オレは今の仕事内容で満足している」

だとか、

「私なんて、この程度で十分」

などと言う人は、運気をさげる相手だと思っていい。目標や夢のない人は、現状維持が精一杯だからだ。

荒唐無稽《こうとうむけい》な夢を抱いているというのは論外だが、

「四十歳までに一戸建てを買う」

「誰よりも早く課長になりたい」

「いずれ、自分の会社を持つ」
「テレビに出られるくらい有名になりたい」
というような、夢や目標がある人のほうが、絶対に〝あがる運気〟を持っているし、成功する人も多い。

成功者のまわりには、不思議と成功者が多いが、これは互いの運気が相乗効果をもたらしているからだ。スポーツでもレベルの高いところでトレーニングすると、飛躍的に上達するのと同じだ。

さて、あなたのまわりには、どちらのタイプが多いだろうか。

結婚――「良縁」を見つけるおすすめの方法

ちなみに、もし、**「結婚」を目標にいい縁を探したい**のであれば、**お見合い**や、**結婚紹介所**をおすすめしたい。

決して紹介所の回し者なわけではない。意外かもしれないが、こういった場所での出会いは、**ほとんどが「良縁」**なのだ。

というのも、依頼者と育った環境や生活レベルが同じで、似たような価値観を持った人を紹介者が吟味して紹介してくれるからだ。彼らは専門家だ。離婚という結果に終わることのないよう、細心の注意を払って、選んでくれる。

その証拠に、恋愛結婚より、見合い結婚のほうが離婚率は断然低い。

また結婚相談所は、出会い系サイトのようないかがわしいものと違って、高額なお金が必要だ。その分、「結婚」という目標に向かって、一回一回の出会いに真摯《しんし》に向き合う人が多い。

「運気をあげる人」に生まれ変わる法

ここまで読んで、

「自分はサゲマンかも」

「いい運気を与えられる人間ではないかも」

と自覚したなら、根本的に自分を変える努力をしよう。

マイナスとされる行為を一つひとつ、つぶしていくのはもちろんだが、最も手っとり早いのは、**引っ越し**だ。**新しい趣味を始める**のもいい。

とにかく、**新たな縁や、人間関係が構築できるようなことを始める**と、比較的自分を変えやすい。

仕事は、日常生活の継続に直結するので、安易な転職はおすすめできないが、思い切って**職場を変えてみる**のもいい。

特にいわゆる〝ブラック企業〟と呼ばれるような職場は、「陰」の気が満ちていることが多い。先に展望が見出せないのなら、発作的ではなく、じっくりと考えて動くのもいいだろう。

転職の決断は、あくまでも自分の将来と目標について〝熟考〟してから行なってほしい。というのも、運気がさがっている時に大きな判断を下すのは、大きなアクシデントを招くこともあるからだ。

〝キラキラ光るもの〟を窓辺に

前章でも触れたが、**キラキラとしたものを身につける**のもいい。

女性で、携帯電話などに、キラキラとしたデコレーションをしている人がいるが、運気を高めるのに効果的である。

小物にデコレーションを施したり、アクセサリーをつけたりするのが苦手な人は、パワーストーンのブレスレットだと、さほど違和感がないのではないだろうか。

パワーストーンに対して、前述したように私はあまりいい印象を持っていないが、「キラキラ光る素材」だということでいえば、おすすめできる。

一山いくらで売っている**水晶などをグラスに入れて、部屋の窓辺など、日の当たる場所に置いておく**のもいい。

もちろん、パワーストーンにこだわらず、プラスチックのキューブでも、キラキラと光れば何でもいい。パワーを集めてくれるはずだ。

「相手の目を見て話す」だけで印象はガラリと変わる

とにかく、運がついている人は、**華やかな人**が多い。どことなくキラキラとした〝華〟があるのだ。男女を問わず、くすんだ色気というよりは〝明るい色気〟を持っている人が多い。

パーティ会場に入ってきた瞬間に場が華やぐ、ひときわ大きく見える人がいるが、そういうタイプの人間と言えばわかるだろうか。自分が動かなくても、誰かがすぐ隣に座るようなタイプの人もそうだ。

また、華やかでキラキラしている人は、必ず**相手の目を見て話す**。人の話をよく聞き、ウソをつかない。下を向いていたり、どこを見ているかわからなかったりするタイプの人は、まずそこから改善しよう。

先に〝新しい趣味を始めるのもいい〟と書いたが、**一芸を身につける**のもいいだろう。自分に自信をつけてやるのだ。

ある会社のトップに知り合いがいるが、彼は「プロでもやっていけるのでは」というくらい、ギターがうまい。聞くと、高校時代からバンドをしていたそうで、今でも昔のバンド仲間とステージに立つことがあるという。

また、プロを目指していた、というくらいのゴルフの腕前を持つ経営者もいる。

〝個性〟は、人を魅力的に見せる。

もちろんそれは、一般常識や社会性を持ち合わせていることが大前提だが、何か一つのものを極めている人の話は、どんな話でも面白い。

誰かと引き合わせてもらう時に、〝いい人〟と紹介されたり、会社名を出されたりする程度の人、また、飲み会の後に「あいつ、いたっけ？」と言われてしまうタイプの人は、ぜひ何か一芸を身につけることにチャレンジしてみてほしい。

「奈落の底」に落ちないために

もし、「交際相手といると、自分の運気が吸われる一方だ」と感じ、別れを決意し、別れの言葉を告げたら、どれだけ相手に好条件を提示されても、「ごめんなさい」とだけ言って、逃げまくろう。

とにかく会ってはいけない。相手のエネルギーの波動を受けないようにするのだ。運がよければ、そこで縁はうまく切れる。

しかし、運の悪い人は、なかなか縁を切ることができず、復縁の道を選んでしまう。

「この人は無理だ」と感じたら、とにかく**強い気持ちを持って相手との縁を切る**ことが重要だ。電話に出ない。メールにも返事を書かない。相手からの電話に間違えて出

てしまったとしても、

「ごめんなさい、忙しいから」

と、会話をしない。変に同情をして、

「私がいないとダメだから」

と思えば、**一緒に奈落の底に落ちてしまう**こともあり得る。

「悪縁」のせいで〝憑いてしまった〟女性の話

なかなか切れない縁といえば、こんなケースもある。

私の知人に、心霊系を専門にする女性ライターがいる。ある時、取材で心霊スポットを巡ることになった。こういう時、私は、

「念を使って〝霊が避けるコーティング〟をしてあげるから、取材前に私のところに来なさいね」

と話しているのだが、彼女自身、忙しかったこともあって、私の忠告がすっぽりと抜け落ちてしまっていたようだ。

そして、都内近郊の最悪のスポットを十数カ所巡った彼女から、なんと、

「……死にたいんだけど……」

という電話がかかってきた。これはただごとではないと思い、すぐに予定を空けた。

しかし、当日のその時間になっても、彼女は現われない。

どうしたんだろうと、電話をかけてみると、なんと私の事務所の最寄り駅ではなく、私の自宅の最寄り駅にいるというではないか。


「何でそんなところにいるの？」

と聞くと、

「小林さんが言ったじゃないですか。しかも、何度電話をかけてもつながらないし」

と、憤慨する。

「これは、いよいよヤバい」と思い、一刻も早く私のもとに来るように促した。

次の顧客がいたこともあり、女性ライターとは五分しか会えなかったが、彼女はポロポロと涙を流し、

「怖かったー」

と泣いた。私の自宅の最寄り駅から事務所に到着するまで、車が渋滞したり、電車がストップしたりと、さまざまな妨害にあったというのだ。

案の定、彼女の背中には髪の長い、和服姿の女性が抱きついていた。恐らく、この霊が彼女が私に会うのを邪魔していたのだろう。よくあるケースだ。

ストーカーとの「縁の切り方」

後日、再鑑定の場を設け、彼女に話を聞くと、「最悪スポット巡り」の取材に同行していたカメラマンに以前からストーカー被害に遭っていて、彼との縁の切り方を教えてほしいという。

カメラマンについて詳しく話を聞くと、明らかに人のエネルギーを吸い取るタイプの人間だった。

「この人はヤバいと思って、避けていたんですけど、しつこいんです。でも、仕事でどうしても取材に同行しなくてはならなくなって……」

と話す彼女に、

「一緒に行った場所も悪いし、男も悪い。今後は一切の連絡を断ったほうがいい」と告げ、彼女に合った縁切りのまじないの方法を教えた。

ちなみに、それは十センチ×三センチの厚紙を赤と黒のペンで塗りつぶし、ノートパソコンの裏に貼るというものだ。ただ、ここまで具体的な方法は、霊視によって導き出す。誰にでもあてはまるわけではない。

しばらくはカメラマンからのメールや電話に怯《おび》えていたが、日に日にその数も減り、今では女性ライターは、「あれは何だったんだろう」というくらい、ピンピンしている。

これは悪霊もからむ特殊な例だが、夜の繁華街をはじめ、行ってはいけない〝いわくつきの場所〟で出会ったり、一緒に過ごしたりした相手が豹変することも少なくない。そうなると最悪だ。彼女のように〝死にたい〟という気持ちにつながっていくこともあるからだ。

こうなると除霊にも似た、特殊な縁切りの方法が必要になる。**「出会いの場所にも要注意」**ということだ。

最もヘビーな「親子の縁」の問題

〝縁〟に関する相談の中で、最もヘビーで鑑定に時間がかかるのが、**肉親の〝縁〟**に関する案件だ。

霊視そのものは、さほど大変ではない。しかし、依頼者がその霊視の結果を受けての行動に、難色を示すのだ。

はっきり言おう。親子の縁は切ってしまっても問題はない。前世やカルマといった戯《ざ》れ言を気にする必要もない。

こんな女性の依頼者がいた。

彼女は両親、自分の三人家族だ。はたから見ると、何不自由ない生活を送っていたが、父親が暴君で、気に食わないことがあると母親や彼女に暴言を吐き、時には暴力をふるうこともあった。

ちなみに彼女には、いまだに父親から受けた傷の跡が背中に複数残る。女性が中学生の頃、部活動で帰宅が遅かったことに腹を立てた父親が、彼女の服を引き裂き、裸にして外に放り出したこともあるという。

女性はテニス部で、レギュラーとして、そこそこの成績を収めていたというが、〝親が厳しいから〟という理由で、他の部員よりも早く帰宅させられていた。高校には進学させてもらえたものの、彼女に自由はなかった。


彼女は高校卒業と同時に就職した。ちょうどその頃、父親が会社を退職してしまった。「退職金があるから」と、働こうとする気配はない。母親は専業主婦だったため、彼女が一家の大黒柱として働くことになった。そして、

「もうすぐ三十歳になるんですが、恋愛もまったく経験したことがありません。このままでいいのでしょうか？」

と、私のもとに駆け込んできたのだ。

もちろん、私は縁を切るようにすすめた。これほどの「悪縁」はない。また、霊視をしたところ、女性が一人、両親が死ぬまで世話を続けているビジョンも見えた。

「それでも、高校を卒業するまで育ててくれた恩があるから……」

「一人っ子だし……」

と、煮え切らなかったが、こうした場合、縁を切らないことには絶対に先には進めないので、彼女は勇気を出して一人暮らしを始めた。その後、再度会って霊視すると、パートナーと幸せに暮らしている様子が視えた。

〝骨肉の争い〟が起きる理由

「母親としっくりいかない」

と、相談に来る女性も少なくない。この場合、母親の束縛にがんじがらめになっているケースが多いのだが、こういう悩みを抱えている女性の両親は、たいてい仲がよくない。というのも霊的な視点から見ると、人間は両親どちらかの霊的な流れを受け継いでいるからだ。母親とうまくいかない女性のケースだと、父方の流れを受け継いでいることが多い。

そもそも、父親と母親は赤の他人だ。当然、霊的な系譜も別々だ。この**両親の霊的な流れが反発し合っている場合、必ず親子間に弊害が出る**。

この現象は兄弟間の仲にも及ぶ。つまり、兄が父方、弟が母方の霊的な流れをくんでいた場合、ぶつからないほうがおかしいという事態も起こりえる。

仲の悪い両親の場合、「エネルギーの流れ」がまったく違うので、どうしても〝気が合わない〟という現象が起こる。

そう、同じ血をひく親子、また兄弟だからといって、人間関係がうまくいく保証はない。そうでなければ、〝骨肉の争い〟〝兄弟は他人の始まり〟といった言葉は存在しないだろう。

もちろん、親子の縁は近いだけに「良縁」であるにこしたことはないし、いさかいも少なければ少ないほどいい。

しかし、「血がつながっているから、わかり合えるはず」という固定観念にしばられ、「悪縁」に染まるもったいないケースもあるということだ。

5章

運を呼び寄せる「パワー」アクション

……「即効！」でプラスのエネルギーが満ちてくる！

運気を今すぐあげる！
ラッキーカラーのすごい効果

運気をあげたい時に、即、効果を発揮してくれるのが**ラッキーカラー**だ。

人間は自分の波動に合った〝色〟を身近に置くことによって、エネルギーを高めることができる。

というのも、色の持つ周波数が自分のエネルギーと共振し、パワーを増幅してくれるからだ。

２０９ページから、生年別のラッキーカラーを用意したので、ぜひ参考にしてほしい。

どんな人にも効く〝万能カラー〟は？

誰にでも共通するラッキーカラーとしては、**「明るい色」**があげられるかもしれない。**赤やピンク、黄色、明るいブルー**といった明色系の色は、どんな人でも運気をあげてくれる。

反対に、地味なこげ茶やグレーは運気をさげて、エネルギーをローレベルにする働きがある。世の中が不況になると、黒を中心としたモノトーン系が流行するが、ある意味では、誰もがそんな色を着ているから、いつまでも不景気から抜け出せないともいえる。

日本人なら、ブルー系の色もマイナスには作用しない。**パステルカラーから濃紺まで、ブルーなら、どれもいい**。この色なら、性別や年齢を問わず、自分のファッションに取り入れることにも抵抗が少ないはずだ。

そして、すぐにでも実行してほしいのが、**自分の〝ラッキーカラー〟を洋服や、下**

着やバッグなどの小物に取り入れることだ。また、**インテリア**、さらには、**部屋に置く花**にも応用することができる。

私は、今まで数千人にも及ぶ人たちのさまざまな相談を受けてきたが、〝仕事がうまくいっていないな〟と感じている人は、たいていその人にとってマイナスに作用する色を着ている。

ラッキーカラーがガラリと変わる時

私のもとを相談に訪れた方には、個別の〝ラッキーカラー〟を教えることも多い。目の前にいる人の波動を見極め、その波動に合う色を見つけていくのだ。

私の知人の一人に、外国で事業を展開し、大成功を収めている人物がいる。

彼の息子は今、海外で水泳選手をしているのだが、私は息子さんが水泳を始めた頃から〝ラッキーカラー〟をアドバイスしてきた。

今でも息子さんは、大会に出るたびに私がアドバイスした色のタオルや水着、ゴーグルを身につけ、よい成績を収めているという。

名前やその人に関することを見聞きしただけで、波動をとらえることもできる。

以前、ある会社の社長から、

「うちの社員全員の、仕事がうまくいくラッキーカラーを教えてほしい」

という依頼を受けたことがあった。

社員、約四十人の名簿をもらって、そこに書かれた名前から透視をしていったのだが、毎年やっていくうちに、ラッキーカラーがあまり変わらない人と、ガラリと変わってしまう人がいることがわかった。

よくよく聞くと、〝ラッキーカラーが変わった〟人は、その年に引っ越したり、結婚をしたりしていた。

生活環境が変化すると、運気も変わるという好例だろう。

入試や**試験**などでも、色はパワーを発揮する。

「難しい試験に、ラッキーカラーを身につけていったら受かりました」

「子どもだけでなく、夫婦でそれぞれの〝ラッキーカラー〟を身につけて臨んだら、希望する難関私立小学校に合格できました」

というような報告がたくさん届いており、その威力に逆に驚いているほどだ。

ちなみに、もともとパワーがある人だと、ラッキーカラーの効果は身につけたその日に現われる。

パワーがない人だと、「効果があったと感じられるまで、約一年かかりました」という声もあるから、個人差はあるようだが、ぜひあきらめずに取り入れ、続けてみてほしい。

すぐに始めること。そして、**続ける**こと。

この二つは開運において、最も大切なことだ。

「食事」で運気がここまで変わる

「食べ物」も、運気を大きく左右する要因だ。

人間のエネルギーは、体調がよければアップし、健康を害しているとダウンする。

特に病気にかかっていなくても、体を蝕《むしば》むような食べ物を習慣的に食べていると、エネルギーはさがる。

自分の運をあげたいと思う人は、「食べ物」にも気を遣わなければならない。

では、どんな食べ物が〝**パワーフード**〟になりえるのか。

実はこれは、全国どこでも同じわけではない。というのも、基本的に**「自分の生活している地域でたくさんとれる食べ物」が、最も運気をあげてくれる**からだ。

なぜ〝地産地消〟で開運していくのか

自分の生活している土地でとれた食べ物には、その土地のエネルギーがたくさん入っている。

人間の波動は、自分が住む土地の波動とたいてい同調して共鳴しているから、その土地でとれた食べ物こそ、自分のエネルギーを高めてくれるというわけだ。

また、自分の住む場所の近くでとれたものは、鮮度が高く、値段が安いという利点もある。栄養学的にも経済的にも合理的だ。

つまり、九州に住んでいる人が、北海道のものばかり食べるのは、運気的に見ると、あまりおすすめできない。海外からの輸入品などについても、同様である。

九州に住んでいる人は、九州でとれた、九州のエネルギーがたくさん入った食べ物を食べるのが一番いいというわけだ。

今、通信販売などで、各地の名産品が気軽に「お取り寄せ」できるが、運気をあげるという視点からみると、あまり感心できない。

海外から輸入した安価な農産物や海産物を主に用いる、外食産業チェーンの食べ物なども、運気的に見るとおすすめできない。

〝天然もの〟にはパワーがあふれている

とはいえ、東京や大阪などの都会に住んでいると、地元でとれるものだけを食べるというわけにはいかない。そういう場合は、なるべく自分の波動と合う土地でつくられた食品を選んで食べるしかない。

田舎から都会に出てきた人は、可能ならば、定期的に実家に頼んで**地元の産物**を送ってもらい、それを食べることをおすすめする。

「田舎がない」という人なら、旅行に行った時に**「気持ちいい」と感じた土地**や、身のまわりにいる**〝運気のいい人〟の出身地**のものを意識して食べるのもいい。

「〝養殖もの〟か、〝天然もの〟かも関係ありますか？」

と聞かれることもあるが、もちろん**〝天然もの〟のほうがいい。**

たとえば魚の場合、養殖魚は薬とエサが与えられ、天敵のいない、生存競争のない状態で育てられる。一方で天然魚は、卵から成魚になるまでに**厳しい生存競争をくぐり抜けて育った「運」のいい存在**だ。

荒波の中を勝ち抜くだけのパワーを持っていた生き物と、競争を経験していない生き物とでは、どちらをいただいたほうが自分のエネルギーにとってプラスになるか、明白であろう。

私がおすすめする「パワーフード」

私は〝霊能者〟という職業柄、**にんにく**をよく食べる。〝にんにくはスタミナフード〟とよく言われるがその通りで、除霊をした後など、極度に疲労している場合も、一気にエネルギーをチャージしてくれる。

また、漠然と〝疲れているな〟と感じた時は、**卵**や**クルミ**、**オレンジジュース**といった高エネルギーの食品を摂るようにしている。

卵やクルミ、ナッツ類には生命エネルギーがぎっしり詰まっているし、オレンジには太陽のエネルギーと大地のエネルギーがたっぷり入っているからだ。ここまでパワーが強いと、特に産地を気にする必要はない。

ちなみに、私の経験上、体に不調を感じた時、意識して口にする食べ物は以下の通りだ。

また、女性のお客さんからの相談によくある不調に効く食べ物も列挙してみた。参考にしてみてほしい。

【風邪】にんにく、オレンジジュース、クルミ
【肩こり】豚肉、日本茶、松の実
【腰痛】コーヒー、チョコレート、ビーフジャーキー
【不眠症】オレンジジュース、ヨーグルト、白米
【眼精疲労】ミルクセーキ、クルミ、ナッツ類、卵
【頭痛】梅干し、味噌汁、かまぼこ

【胃腸障害】日本茶、梅干し、魚
【便秘】黒豆、ネギ、味噌
【肥満】ホウレンソウ、リンゴ、ゴマ
【不妊症】白玉、梅干し、昆布
【冷え性】ホットミルク、うなぎ、クルミ、ナッツ類、ぎんなん
【生理不順】日本酒、肉（ホルモン系）、トマト
【肌荒れ】オレンジ、ミカン、日本酒

「転居」は最強のパワーアップ法

そして、**最強の運気のパワーアップ法**は、「住んでいる場所」を変えること、**転居**だ。

悪い霊がいるような場所に住めば、当然エネルギーもさがる。たとえ霊がいなかったとしても、エネルギーをさげてしまう場所がある。その反対に、エネルギーをアップしてくれる場所に住めば、どんどん運が強くなっていく。

実は、**その人の運に一番大きな影響を与えるのは「住んでいる場所」**だ。なぜか。「長時間、そこにいるから」だ。

たとえ「家には寝に帰るだけ」だったとしても、平日で約十時間、休日ならさらに長く、その場所にいることになる。生きている時間の半分近くを家で過ごしていると思えば、**住む家の「気」の影響力**が理解できるはずだ。

運気アップを約束してくれる土地

では、どのような場所が、住むことで運気をアップさせてくれるプラス・エネルギーに満ちているのだろうか。

先に、箇条書きにしておこう。

【運気をアップさせてくれる場所】

□ 陽あたりがいい
□ 湿気が少なくさわやか
□ 風通しがいい
□ 周辺に樹木が多い
□ 周辺に花が咲いている

□ 近くに小学校、保育園、幼稚園がある

風景が美しくて明るい場所、また風通しのいい場所に運気の悪い場所はないと、断言してもいい。なぜなら、最も霊が嫌がる場所だからだ。また、このような場所は〝プラスの気〟にも満ちている。

そこは〝生命の息吹〟が感じられる場所か？

大昔から人が住みついていたような場所だと、さらにいい。また、いい場所ほどその土地の権力者が住みたがる。そこで権力者が隆盛すれば**〝縁起のいい場所〟**にもなる。

東京であげれば、港区の白金や、渋谷区の松濤《しょうとう》などがよい例だ。そういう場所だと、レストランやカフェでお茶を飲んだり、食事をしたりするだけでも、よい気がチャージできる。

樹木が豊富で、花がたくさん咲いていて、**生命の息吹が感じられる場所**もたいてい、プラスのエネルギーに満ちている。

特に、近くに**巨木**や**巨石**があれば〝昔ながらの土地〟という目安にもなる。

新しいマンションでも、物件を見る場合には、敷地内に植えられた樹が元気よく茂っているか、花の咲く植物なら、ちゃんと咲いているかどうかを確認するといいだろう。

プラスのエネルギーに満ちた土地は、植物だけでなく、動物にも元気を与える。そのため、いい気に満ちた土地には鳥や小動物が集まってくる。近所に鳥などの小動物がいっぱいいるかどうかも、その土地の〝気〟を見るチェックポイントになる。

〝子どもたちが集まる場所〟の近くも◎

体の弱い人なら、**子どもたちが利用する建物のそば**もおすすめだ。

「子どもの声は、うるさくて苦手で……」という人もいるだろうが、2章で述べたとおり、子どもはエネルギーにあふれた存在だ。元気をもらうことができるので、プラスに作用する。

動きがいいところには、元気な気が流れているものだ。

ただし、何度も書くが、そのような〝プラス・エネルギー〟に満ちあふれた場所でも、落とし穴のように運気をさげる部屋もある。そこで無念の死を遂げた人が、これまでの住人にいた場合だ。

一番簡単なチェックポイントは、臭いと体感温度だ。なんとなくカビ臭かったり、地下室のようにヒヤッとした感じを受けたりするなら、避けたほうがベターだ。風通しが悪いせいもあるだろうが、そういうところは運気をさげる。

また、何かの理由で手放さなければならなかった競売物件も要注意だ。どうしても前の持ち主の〝マイナス・エネルギー〟がその建物に残るからだ。最近、特に競売物件のトラブルが増えているのも、こうした理由からだろう。

神社、寺院のそばは、どうなのか?

そして、マンションもしくはアパートの隣の建物にも、注意を払ってほしい。

たとえ緑が多く、通気性がよい場所に居住空間があったとしても、隣に神社や寺院があると、プラスかマイナスのどちらかの影響が強く出るからだ。

その神社や寺院が、どちらのエネルギーを持っているかは、霊能者でもないと判別がつきにくい。

さらに、隣の宗教施設が新興宗教のものであれば、その物件はやめておいたほうがいいだろう。〝人の出入りが激しい〟とか、〝音がうるさい〟といった要素に加え、特有の**〝異常なエネルギー〟が放出**されているからだ。

そして、その宗教が、霊能を売りにしているようなら最悪だ。マイナス・エネルギーを抱えた人が多く集まってくることもあり、影響をモロに受けてしまうだろう。

「家相」をいじっても効果のない土地とは

逆に、住んではいけない悪い例を紹介しよう。

ずいぶん前に、ある有名な女性実業家が急死した。実は、彼女が購入した土地は、大きな火災で何人もの死者を出してしまったホテルの経営者が所有していた土地だった。

誰も表立っては言わなかったが、わかる人とは「なるほどね」と、うなずき合ったものだ。この土地に住居を構えたことが原因で、女性実業家は寿命を縮めてしまったと、私は思っている。

というのも、以前の持ち主だったホテルの経営者は悪徳経営で知られ、多くの人から恨みを買っていたからだ。

そういう土地は、いくら家相をいじったところで、まったく効果はない。恐らく、次の購入者も何らかの霊障が出ていることだろう。

高級住宅地にある〝いわくつきの土地〟

さらにこんな恐ろしいケースもある。

かつては一世を風靡《ふうび》したトップアイドルのA子さんは、今では見る影もないほど人気が凋落《ちょうらく》している。

このA子さんが住んでいたマンションは、東京の数ある高級住宅地の中でも、VIPが数多く住んでいることで知られる物件だった。

しかし……霊視をしてみると、このマンションは、実は東京でもワースト五に入るほどの悪い土地で、かつて大病院が建っていた土地にあった。

このマンションにはA子さんの他にも、青年実業家と結婚し、玉の輿《こし》ともてはやされたタレントのB子さんも住んでいた。彼女も結婚をして、しばらくは幸せに暮らしているかのように見えた。

ところが、何年もしないうちに、同居していたB子さんの母親がマンション内の駐車場で亡くなってしまった。原因はB子さんの夫の母親、つまり義母の運転する車にひき殺されるという悲惨な事故だった。

「あの車はB子さんの義母がずっと運転していた車だったから、あんな運転ミスをするわけがないのに……」

今でも私の頭の中には、関係者のこのコメントが残っている。

結局、B子さんは、夫と離婚。その際、慰謝料や夫の女性問題などでもめて、ワイドショーを連日にぎわせることになった。

その後、なんとこのマンションに引っ越した女性が、私のもとに、

「毎晩、小学生の息子が『おばけが出るから寝るのが怖い』と言って、困っているのですが」

と、相談に来た。話を聞くと、女性の一家が住むのは、一階とのこと。

実は、**プラスもマイナスも、土地の気は三階までが強く作用する。**

「あの場所なら、間違いなく出ますよ」

と答えた上で、

「引っ越すのがベストです」

とアドバイスをした。とはいっても、この一家は引っ越してきたばかりだそうで、

「それはなかなか難しい」

と言う。部屋の運気をよくするいくつかの開運法を教えて帰したが、あそこまでいくと焼け石に水ではある。

気になる人は、今住んでいるところ、引っ越しを検討しているところが、悪い場所ではないかを一度チェックしてみるのもいいだろう。

〝一等地〟でも安心はできない!?

実は都内には、**〝要注意〟とされている場所**がいくつもある。

有名なのが、一時期メディアで〝セレブ御用達〟ともてはやされた、都心の一等地にある超高級マンションだ。入居しているテナントも一流であれば、入居者も一流。

こういった場合、トラブルはまず起こらないが……。

詳しくは書かないが、この物件もまた、入居していた有名人たちはいずれも凋落するか、〝何か〟に気づいたかのように、競うように引っ越しをしている。

死亡事故をはじめとする事故も多発し、倒産するテナントが続出。現在は空き部屋だらけなのだという。

ちなみに、この場所は江戸時代、罪人の首を切る、処刑場があった。

ただ、それでも引っ越しができるのならマシだ。

ある有名な飲食店は、夜、包丁が次々と宙を舞い、壁に刺さるという。完全に霊障だが、ここまでくると誰にも止められない。こういう場所は、**とにかく逃げるしかない**のだが、有名店であるがゆえに、それもできないようだ。

「土地の履歴」をよく調べる

ただ、マイナスのエネルギーに満ちた場所に家があったとしても、その土地に何代か住み続けて、さほど問題がないようなら、きちんと霊視してみないと何ともいえないが、次の項で述べる開運術でなんとか乗り切ることができる。

危険なのは、いわゆる〝再開発〟地区だ。

都内にもウォーターフロントと呼ばれる場所に、何棟もの高級マンションが建てられているが……。

考えてもみてほしい。なぜ、大型のマンションをその場所に建てられるかといえば、そこに〝誰も住んでいなかった〟からだ。

もちろん、まったく問題のない土地もあるだろうが、購入を検討している方は、土地の履歴をよくよく調べることをおすすめしたい。

プラスのエネルギーの「追い風」を受けるには

「ここに越してきてから、どうもツイてない」

「引っ越してから病気がちになった」

というような時は、たいてい「土地の気」が悪い。万が一の時、引っ越しをするリスクを考えれば、事前調査など軽いものだろう。

〝そんな時間はない〟〝どうしてもこの場所に住みたい〟というのなら、四階よりも上の階を選ぼう。

ただし、四階より上の高さでは、土地のマイナスの影響がない代わりにプラスの影響もない。地面に近いところで暮らすのが、運気の影響を受ける点で「ハイリスク・ハイリターン」だとすれば、四階より上の階で暮らすことは、「ノーリスク・ノーリターン」だということだ。

すなわち、これは消極的な方法と言わざるをえない。

自分の運気をどんどんあげていきたいのなら、やはり**プラスのエネルギーに満ちた土地の下層階に住んで、「追い風」を最大限に利用するべき**だからだ。

さらに言うと、〝自分は五階に住んでいるから安心だ〟とも言いきれない。

「今十二階に住んでいるんですが、毎日、気味の悪い気配に怯《おび》えています。霊的なものがいるんでしょうか？」

といったような相談に来る人は少なくない。

この場合、霊視してみたところ、土地ではなく、その部屋で殺された人の霊が、成仏できないまま地縛霊として存在していた。

自殺をした人がいたり、長い間住人がいなかったような部屋でも、同様のケースが起こりえる。

ちなみに、「住んではいけない場所」は、1章の「『成仏していない霊』がうようよしている場所とは」で列挙した、〝運気をさげる要注意の場所〟とリンクしている。

特に、昔、水田だったような場所や、地名に「沼」「沢」「川」「池」「海」といった、水に関する名前のついているところは、あまりおすすめしない。

湿気の多いところは、病気にかかりやすくなるうえ、霊も出やすくなる。注意されたい。

部屋の「運気」をアップさせる方法

ここまで読んで、

「引っ越したほうがいいと思うけれど、家庭の事情でなかなかできない」という人もいるだろう。そういう場合は、**部屋の中に、パワーアイテムを置く**ことをおすすめしたい。エネルギーの強いアイテムを置くことで、部屋の中のマイナス作用を中和させるのだ。

すぐにできる方法の一つが**「花」を置く**ことだ。観葉植物も悪くはないが、花のほうが効果が強い。色とりどりに美しく咲く花の生気が、部屋に漂うマイナスの「気」を吸い取ってくれる。

ちなみにこの方法は、〝浮遊霊〟など程度の低い霊に「憑いてこられたな」と思う時にも有効だ。

〝霊〟が消えるわけではないが、動きを鈍くすることはできる。その場合、普通に花を飾っていても、驚くほどすぐ枯れる。

枯れたとしても、あきらめてはいけない。鉢植えを一つ置いて枯れるようなら二つ、二つでダメなら三つというように、**花が枯れなくなるまで鉢植えの数を増やすこと**。そうすることで浮遊霊は、その部屋にいづらくなる。

四鉢置いたら枯れなくなったとしたら、常に四鉢置くようにする。枯れなくなったら、浮遊霊が消えたと思っていい。

「花を置く」だけで気が安定する

花を置く場所は、自分が家にいる時、最も長い時間を過ごしている部屋がいいだろう。種類は何でもいいし、切り花でも鉢植えでもどちらでもいい。ちなみにコスト面から見て、私は鉢植えを置くことが多い。花粉アレルギーの人は、**アロエのような肉**

厚の観葉植物でも代用できる。

昔から、「悪い土地には、ぺんぺん草も生えない」と言うが、あれは比喩ではなくて真実だ。

日本には、引っ越し祝いや事務所オープンの記念に植物を贈る風習があるが、恐らく昔の人は、引っ越したばかりの場所の気を安定させるのに、植物が効果的であることを経験として知っていたのだろう。

花を置く他にも、悪いエネルギーを避けるテクニックがある。

たとえば、**ベッドの下に鏡を下向きにおいて、邪気を弾く**という方法だ。適当な鏡がなかったら、ベッドの裏にアルミ箔を貼ってもいい。この方法なら、訪ねてきた人にわからないという利点もある。

ただ、浮遊霊対策となると、より大きな鏡や、キラキラ光るものを部屋に置くなどが必要だ。また、必ずしもそれだけで霊が消えてくれるわけではない。その場合は、やはり信頼の置ける霊能者を頼ってほしい。

とにかく「風通し」をよくする

部屋をまめに換気し、**「風通しをよくする」**ことも重要なポイントだ。

マイナスの気を感じる場所は、たいてい空気が淀んでいる。空気の入れ換えをしてもスッキリしないと感じたら、トイレや浴室のドアを開けたままにして、換気扇をつけっ放しにしよう。


私の除霊の仕事の中には、〝家に棲《す》む霊を祓う〟という依頼も多い。昔は戸建てのお宅の依頼が主だったが、最近はマンションやアパートへの出張も増えた。

先日も、あるマンションに住む奥さんが、

「最近、恐ろしいことばかり起こるんです」

と相談をしてきた。聞くと、なんと夜、寝ている時に奥さんの夢枕に生首が二〜三個、並ぶのだそうだ。それればかりではない。彼女の隣の部屋に住む住人が、夜中に突然、叫び声をあげ、壁を蹴って暴れるのだという。

一度、苦情を言いに行ったことがあるのだそうだが、軽く睨《にら》まれ、

「うちはそんなこと、しません」

と、冷たく言い放たれたという。次第に、この奥さんのお宅は家庭不和になり、お子さんも言動がおかしくなり始めた。奥さん自身も不眠症に陥ったそうで、

「霊がいるなら、なんとか除霊をしてほしい」

と懇願してくる。

霊視をしてみると、確かにその土地は昔の刑場跡で、霊が複数いるようだった。単体の霊だと除霊をするのも容易だが、刑場跡ということで霊の数も多く、どれだけ排除したらいいのか見当もつかない。

そこで、引っ越しをすすめ、引っ越し当日までは、部屋の窓を全開にして、すべての換気扇を回し、イヤな感じのする時間帯は外出するようにアドバイスをした。

「汚部屋」は〝霊のたまり場〟になりやすい

その上で、気になったので、一度お宅にうかがってみた。すると……部屋の中が足

の踏み場もないような散らかりようだった。奥さんは、

「引っ越し前だから」

としきりに言い訳をしていたが、キッチンを見ると、「ほんの数日、そうじができなかったから」という程度の汚れ方ではない。窓の前にも大きな家具が鎮座していて、空気が淀んでいた。

「換気をしていますか？」

と聞くと、家具が邪魔でなかなかできなかったという。こんな状態では、〝霊のたまり場〟になって当然だ。

引っ越しをしたとしても、部屋の状態が変わらなければ、また同じような現象に悩まされるかもしれない。

テレビ番組の仕事で、「悪霊が憑いた」と言われる家に行くと、だいたいこのケースに似ている。ものがたまり、一年中、雨戸が閉まったままの窓があるといった状態になっている。

たとえ霊がいなかったとしても、空気の淀みは、部屋の〝気〟をさげる原因になる。池や湖でも、流れの悪いところは水が濁り、悪臭が出る。それと同じだ。

驚くほど活力が高まる「パワースポット」の見つけ方

〝そこに行くだけで、自分の運気があがる場所〟のことを、一般的に**「パワースポット」**と言う。一時期、大ブームになったので、ご存じの人も多いだろう。

私自身も、〝調子が悪いな〟と感じたら、自分のお気に入りのパワースポットに行くようにしている。

すると、驚くほどすぐに効果が出る。そういう場所に行くと、自分の活力が高まって元気になり、鬱屈《うっくつ》していたものが解消されていくのだ。

電圧のさがったバッテリーをチャージする感覚と言えば、わかりやすいだろうか。

こういった場所を積極的に活用しない手はない。

自分に〝共鳴する波動〟を見つける

さて、巷《ちまた》でよく知られるパワースポットには、神社仏閣が比較的多い。私もよく行くが、それは宗教的なものとはあまり関係がない。

そもそも、その土地の〝神様〟が鎮座する神社仏閣は、**土地のエネルギーが集約されている場所**に建てられていることが多い。

さらに、引っ越しをすることがほとんどなく、建物の増改築も頻繁には行なわれないため、土地の気が変わりにくいというのが原因だと思っている。

ただし、パワースポットには、「あの人にはいい場所だが、自分には合わない」ということがしばしばある。というのは、人によって共鳴する波動の周波数が違うからだ。

もっと細かく言うと、「あの人はこの井戸のそばが一番いいが、自分は賽銭《さいせん》箱の前あたりがいい」というように、同じエリアでも微妙にポイントがずれることもある。

さらに、私から見て、何の気も感じないところが、雑誌やテレビなどでパワースポットとして紹介されている場合もある。恐らく霊能力のない人が、適当にでっちあげた情報なのだろう。

そこで、**あなたの波動に合う、パワースポットの判別法**を紹介しよう。

「逆呼吸法」でエリアを探索

まず、霊感のある人なら、自分に合ったパワースポットに入った瞬間、**ぐっと押されるような感覚**がある。霊感がなくても、ふわっと何かを感じたら、そのエリアはあなたにとっての〝パワースポット〟だ。

より具体的に知りたいなら、こんな方法もある。

体から腕時計やメガネなど、金属製のものを外して、周囲の人たちの邪魔にならないような場所に移動する。そして姿勢をまっすぐに正して立ち、目をつぶってゆっくりと呼吸する。

この時、まず全身の力を抜いて、息を吸う時に腹部を引っ込め、吐く時に腹部を突き出す**「逆呼吸法」**をくり返す。

ポイントは、鼻から吸い込み、吐く時は口から出す、吸ってから吐くまでの間は十秒程度で、呼吸の速度はできる限りゆっくりと、息は止めないようにしてほしい。

そして、何も考えずに両手のひらを地面に向け、**地面から一メートルくらいの高さで手を止める**。そして、逆呼吸法をくり返す。

続けていくうちに、手が何かを感じ、上下のどちらかに動く。**上にあがれば、その土地はあなたにとってのパワースポット**だ。ほかほかとした温かさを感じたら、なおいいだろう。

しかし、手のひらが上にあがったにもかかわらず、ヒヤッとしたり、スースーと風がもれているような感覚があれば、マイナスのスポットである可能性が高い。霊感が強い人に、たまにこういうことが起こる。この場合は、すぐにその場から立ち去るのが賢明だ。

チャージ効果10倍! 〝土地エネルギー〟の吸収法

さて、自分の〝パワースポット〟が判明したら、存分にエネルギーをチャージしてほしい。

最も効果的な方法は、その場所で**飲食をする**ことだ。

もし、その場所に飲食店があるなら、積極的に利用しよう。

エリア内で売っているものや、その場所で出してくれるお茶などを飲んでもいいだろう。

飲み水がこんこんと湧いているようなら、ぜひいただこう。ペットボトルなどを用意して、持ち帰るのもいいだろう。

「パワースポットにはどれくらい、いればいいですか？」

と聞かれることがあるが、一時間も二時間も滞在する必要はない。

私は多い時で、一日に四～五件のパワースポットをはしごすることもある。二十分程度でも、十分にパワーチャージできる。

そして、たとえその場所が神社仏閣だとしても、必ずしもご本尊や拝殿を参拝して回る必要もない。

先ほど紹介した**「逆呼吸法」**を用いながら、**リラックスした気分でぶらぶらと散歩するだけで十分だ。**

この呼吸法だが、**自分の年齢数だけくり返す**と、さらに効果は高まる。あなたが三十歳なら三十回だ。

念を入れたいなら、逆呼吸法を三十回してから少し休憩し、また三十回というように、セットにして二～三回くり返してもいい。

息を長く、多めに吐いたほうが、それだけ吸いやすくなるので、効果が出やすい。

「パワースポットの写真」を待ち受け画面に

パワースポットを写真に撮って、お守り代わりに持つのもいい方法だ。

その際は、なるべくその場所の全体像が写るようにしよう。もし可能なら、自分を入れて撮影するとさらに効果があがる。

また、そういう場所で撮った写真にはエネルギーがあるので、**携帯電話の待ち受け画面**にしたり、プリントアウトをし、財布や定期入れなど自分が肌身離さず持つアイテムの中に入れておいたりするのもいい。

パソコンの壁紙にしてもいいだろう。

ただ、こうした〝写真〟が持つエネルギーは、三カ月程度で消えてしまう。そうしたら、また行って撮り直そう。

先ほど〝参拝はしなくてもいい〟と書いたが、その場所が神社仏閣なら、写真を撮る時には、必ずお賽銭を供えてほしい。

〝古くから崇められてきた場所〟の持つパワー

さて、〝自分だけのパワースポット〟の見分け方を書いたが、実際に現地に行ってみないとわからないために、二の足を踏む人もいるだろう。

そこで、おおまかな目安として、巻末に**私が霊視をして選んだ各地のパワースポット**を列挙してみた。参考にしてほしい。

ちなみに、私はパワースポットを巡る際、まずは地図を用いる。地図の上に手をかざしていると、グーンと空気が盛り上がっているような抵抗を受ける。この場所こそ〝パワースポット〟だ。

不思議なことに、地図をよくよく見ると、その場所には古くから地元の人たちに崇められてきた鎮守《ちんじゅ》の森や、市民の憩いの場的な施設、有名人の生誕地、修験者《しゅげんじゃ》が修行をしていた場所が多い。

一度、除霊の仕事で地方出張をしていて、時間が空いたので近辺のパワースポットを探したことがある。いつものように地図を開き、強いパワーを感じた場所があったので地図に目を落としたところ、何もない。

それでもそのパワーの強さが気になって、現場に車を走らせたところ、その近辺に山の奥へ続く小道を見つけた。

車を止め、小道を進んでいくと、小さな祠《ほこら》があった。地図には掲載されないような小さな祠だったが、確かに大変強力なパワーがあった。霊力のある先人が建てたのだろう。迷わず、手を合わせて帰った。

パワースポットを提示する時、歴史から入る霊能者は多いが、実にナンセンスだ。というのも、歴史の流れとともにプラス、マイナスどちらの〝パワー〟も消えてしまっている場所もあるからだ。

私が自信を持ってすすめる〝スポット〟。ぜひ参考にしてみてほしい。

[付録1]

エスパー・小林が選ぶ
生年別、運気があがる「ラッキーカラー」

★この表は男女共通です。
★赤はピンクを、黄は金を、白はパール・銀を含みます。

誕生年	恋愛運	仕事運	金運	全体運
2028年	緑	青	赤	白
2027年	赤	白	黄	緑
2026年	青	青	緑	白
2025年	黄	赤	白	青
2024年	白	緑	黒	青
2023年	黒	青	緑	赤
2022年	緑	黄	白	黒
2021年	青	白	緑	黄
2020年	黄	緑	赤	白
2019年	黒・赤	青・白	黄	緑
2018年	黄・赤	黄・白	赤・緑	白・黒
2017年	白・黒	青・赤	黄・黒	赤・黄
2016年	青・黒	白・緑	白・緑	白・黒
2015年	緑・黄	黒・赤	青・黄	黄・緑
2014年	赤・緑	黒・緑	緑・黒	緑・赤
2013年	白・黄	緑・白	黄・赤	黒・青
2012年	黒・赤	黄・赤	白・青	赤・白
2011年	緑・白	黄・黒	緑・黒	白・緑
2010年	黄・赤	緑・赤	赤・金	黄・白
2009年	緑・青	青・黄	赤・青	赤・青
2008年	青・赤	青・緑	黄	黒・白
2007年	白・赤	白・緑	青	黒・黄
2006年	青・緑	黄・緑	黄	緑・黄
2005年	青・白	黄・青	青	青・黄
2004年	黄・緑	黄・白	青	青・白
2003年	赤・白	黄・赤	黄	白・黄

誕生年	恋愛運	仕事運	金運	全体運
2002年	赤・緑	青・赤	黄	白・青
2001年	青・緑	青・赤	緑	黄・青
2000年	青・白	青・赤	白	緑・青
1999年	青・白	青・黄	青	赤・青
1998年	青・白	黄・白	赤	赤・黒
1997年	青・白	黄・青	緑	赤・黒
1996年	青・緑	オレンジ・青	青	赤・青
1995年	黄・緑	青・緑	白	白・青
1994年	赤・白	青・白	黄	白・青
1993年	青・紫	青・白	青・白	青・緑
1992年	青・緑	赤・青	白	赤・白
1991年	赤・紫	青・白	赤・青	赤・青
1990年	白・赤	白	青	赤・青
1989年	赤・青	オレンジ	赤・緑	緑・青
1988年	赤・青	緑・白	青・白	赤・青
1987年	赤・緑	赤・青	白・青	白・青
1986年	赤・青	赤・青	白・緑	白・青
1985年	青・緑	白・赤	白・青	白・黄
1984年	白・黄	白・黄	青・黄	青・赤
1983年	青・緑	青・緑	青・黄	赤・青
1982年	青・緑	青・緑	緑・黄	白・緑
1981年	緑・青	赤・青	赤・緑	青・緑
1980年	赤・青	青・緑	黄・緑	青・緑
1979年	青・赤	青・緑	青・黄	青・白
1978年	青・黄	青・緑	黄・青	青・白
1977年	青・白	赤・青	青・白	黄・白
1976年	白・黄	青・白	青・赤	赤・緑
1975年	緑・黄	赤・青	青・緑	白・青
1974年	青・緑	白・緑	青・緑	青・白

誕生年	恋愛運	仕事運	金運	全体運
1973年	青・緑	緑・白	赤・白	青・白
1972年	青・白	青・白	青・緑	白・青
1971年	青・緑	黒・白	黒・青	白・緑
1970年	青・白	緑・白	白・黄	白・黄
1969年	黄・青	青・緑	青・黄	緑・白
1968年	黄・緑	青・白	青・赤	青・赤
1967年	青・赤	青・黄	赤・青	青・白
1966年	青・白	赤・白	赤・黄	赤・青
1965年	赤・青	赤・白	赤・黄	黄・赤
1964年	黄・赤	青・黄	青・緑	青・黄
1963年	黄・緑	緑・青	黄・緑	青・緑
1962年	青・赤	緑・白	黄・緑	青・緑
1961年	青・緑	青・赤	白・黄	青・緑
1960年	赤・青	青・緑	白・緑	緑・青
1959年	青・黄	赤・青	黄・白	青・緑
1958年	赤・青	青・緑	白・黄	青・緑
1957年	赤・白	黒・赤	青・白	青・黄
1956年	赤・青	緑・白	青・白	緑・白
1955年	青・緑	青・赤	青・黄	青・黄
1954年	緑・青	青・白	青	赤・白
1953年	黄・白	黄・緑	黄	緑・白
1952年	黄・緑	黄・白	青	緑・青
1951年	青・白	青・白	赤	黒・青
1950年	緑・白	青・黄	青	黒・緑
1949年	緑・黄	青・緑	黄	白・緑
1948年	赤・黄	青・白	青	白・黒
1947年	赤・白	赤・白	白	黄・黒
1946年	緑・青	緑・青	緑	白・青
1945年	白・黄	白・青	青	白・黒

[付録2]

エスパー・小林がおすすめする
全国47都道府県、「超絶パワースポット」

★北海道・東北地方

北海道

●北海道庁旧本庁舎(赤レンガ庁舎)/札幌市
●函館山山頂/函館市
●シラルトロ展望塔/川上郡標茶町
●二股らぢうむ温泉/山越郡長万部町

青森県

●三内丸山遺跡/青森市
●奥入瀬渓流/十和田市
●白神山地/西津軽郡鰺ヶ沢町・深浦町、中津軽郡西目屋村、山本郡藤里町(秋田県)

秋田県

●大湯環状列石、黒又山/鹿角市
●角館 武家屋敷/仙北市
●乳頭温泉郷/仙北市

岩手県

●金田一温泉/二戸市
●カッパ淵/遠野市
●龍泉洞、龍泉新洞科学館/下閉伊郡岩泉町
●中尊寺/西磐井郡平泉町

宮城県

●瑞鳳殿/仙台市
●旧有備館/大崎市
●天平ろまん館/遠田郡涌谷町

山形県

●本間家旧本邸/酒田市
●旧風間家住宅「丙申堂」/鶴岡市
●出羽三山/鶴岡市
●松が岬公園/米沢市

福島県

●心眼美望館／会津若松市
●御薬園／会津若松市
●南湖公園／白河市

★関東地方

茨城県

●弘道館／水戸市
●真壁城跡、真壁の町並み／桜川市
●西山荘／常陸太田市

栃木県

●日光東照宮／日光市
●日光二荒山神社／日光市
●殺生石、鹿の湯／那須郡那須町

群馬県

●堀越古墳／前橋市
●赤城神社参道松並木とツツジ群／前橋市
●水上温泉／利根郡みなかみ町

埼玉県

●蔵造り資料館／川越市
●古代蓮の里／行田市
●三峯神社／秩父市
●旧渋沢邸「中の家」／深谷市
●越生梅林／入間郡越生町
●吉見百穴／比企郡吉見町

千葉県

●小見川城山公園／香取市
●清水公園の桜／野田市
●能蔵院／南房総市
●抱湖園の元朝桜／南房総市

東京都

●舎人公園／足立区
●東郷神社 神池／渋谷区

● 於岩稲荷田宮神社／新宿区
● 淀橋市場（稲荷神社）／新宿区
● 花園神社／新宿区
● 待乳山聖天（本龍院）／台東区
● 銀座出世地蔵尊（銀座三越屋上）／中央区
● 浜離宮恩賜庭園 観音堂跡／中央区
● 日本武道館／千代田区
● 東京ドームシティ／文京区
● 蛇塚（芝公園内）／港区
● 自然教育園、東京都庭園美術館／港区
● 白岩の滝／西多摩郡日の出町

神奈川県

● よこはま動物園ズーラシア／横浜市
● 横浜都市発展記念館／横浜市
● 神奈川県立歴史博物館／横浜市
● 横浜山手聖公会／横浜市
● 大山阿夫利神社 下社／伊勢原市
● 鎌倉大仏（高徳院）／鎌倉市
● 江の島展望灯台／藤沢市
● 足柄森林公園丸太の森 万葉植物苑／南足柄市
● 蛸川温泉／足柄下郡箱根町
● 葉山しおさい公園／三浦郡葉山町

★中部・甲信越・北陸地方

新潟県

● 上田銀山跡／魚沼市
● 瓢湖白鳥の里／阿賀野市
● 五十沢温泉／南魚沼市

富山県

● 北前船廻船問屋 森家／富山市
● 穴の谷の霊水／中新川郡上市町
● 称名滝／中新川郡立山町

石川県

- 石川県銭屋五兵衛記念館／金沢市
- 長町武家屋敷跡、金沢市老舗記念館／金沢市
- 白山比咩神社表参道大鳥居前のいっぷく処おはぎ屋／白山市
- 諏訪大社 下社春宮／諏訪郡下諏訪町

福井県

- あわら温泉／あわら市
- 若狭三方縄文博物館／三方上中郡若狭町
- 平泉寺白山神社／勝山市

山梨県

- 増富ラジウム温泉郷／北杜市
- 昇仙峡 有明橋／甲府市
- 身延山 久遠寺 三門／南巨摩郡身延町

長野県

- 松本駅前の牛つなぎ石／松本市
- 河童橋、明神池／松本市
- 妻籠宿／木曽郡南木曽町

岐阜県

- 臥龍桜（臥龍公園内）／高山市
- 飛騨大鍾乳洞／高山市
- 新穂高温泉／高山市
- 美濃和紙あかりアート館／美濃市

静岡県

- 大室山／伊東市
- 海の交流館（ベイステージ下田内）／下田市
- 修善寺温泉／伊豆市
- 御前埼灯台内部／御前崎市

愛知県

- 断夫山古墳（熱田神宮公園内）／名古屋市
- 花時計（久屋大通公園内）／名古屋市
- 徳川美術館／名古屋市
- 香嵐渓の待月橋／豊田市

★近畿地方

三重県

●北畠氏館跡庭園／津市
●赤目四十八滝／名張市
●ミキモト真珠島／鳥羽市

滋賀県

●草津宿本陣／草津市
●五個荘金堂町の町並み／東近江市
●彦根城／彦根市

京都府

●京都御所／京都市
●二条城 本丸御殿／京都市
●醍醐寺の桜／京都市
●貴船神社 奥宮／京都市
●天橋立／宮津市

大阪府

●造幣博物館／大阪市
●四天王寺／大阪市
●花博記念公園鶴見緑地／大阪市
●ザビエル公園／堺市

兵庫県

●東遊園地／神戸市
●姫路城／姫路市
●うすくち龍野醤油資料館／たつの市
●城崎温泉／豊岡市

奈良県

●平城京 大極殿跡／奈良市
●旧柳生藩陣屋跡／奈良市
●崇神天皇陵／天理市

和歌山県

● 熊野本宮大社／田辺市
● 本宮温泉郷／田辺市
● 田中神社、大賀ハス／西牟婁郡上富田町
● 勝浦漁港のにぎわい広場／東牟婁郡那智勝浦町

★中国地方

鳥取県

● 鳥取砂丘 合せヶ谷スリバチ／鳥取市
● 回船問屋 後藤家住宅／米子市
● 石谷家住宅／八頭郡智頭町
● 大山 大神山神社 奥宮／西伯郡大山町

島根県

● 揖夜神社 しめ縄下／松江市
● 出雲阿国の墓／出雲市
● 津和野温泉なごみの里／鹿足郡津和野町

岡山県

● 大原美術館／倉敷市
● 旧足守藩侍屋敷遺構／岡山市
● おかやま備前焼工房／岡山市

広島県

● 縮景園／広島市
● 鞆の浦、太田家住宅／福山市
● 厳島神社／廿日市

山口県

● 萩の城下町／萩市
● 秋芳洞／美祢市
● 別府弁天池／美祢市

★四国地方

徳島県

●旧徳島城表御殿庭園／徳島市
●眉山ロープウェイ／徳島市
●うだつの町並み／美馬市

香川県

●栗林公園／高松市
●五色台／高松市、坂出市
●小豆島温泉郷／小豆郡土庄町・小豆島町

愛媛県

●一草庵／松山市
●道後温泉 本館／松山市
●秋山兄弟生誕地／松山市

高知県

●岩崎弥太郎生家／安芸市
●龍河洞／香美市
●西宮八幡宮 蓮池の樟／土佐市

★九州・沖縄地方

福岡県

●旧伊藤伝右衛門邸／飯塚市
●二日市温泉／筑紫野市
●御花、松濤園／柳川市
●脇田温泉／宮若市
●王塚古墳／嘉穂郡桂川町

佐賀県

●鵜殿石仏群／唐津市
●肥前浜宿／鹿島市
●吉野ヶ里歴史公園／神埼郡吉野ヶ里町

長崎県

●鯉の泳ぐまち／島原市
●堂崎教会／五島市
●小浜温泉／雲仙市

熊本県

●拝ケ石巨石群／熊本市
●立田自然公園 仰松軒／熊本市
●熊本城天守閣／熊本市

大分県

●別府地獄めぐり／別府市
●安心院葡萄酒工房／宇佐市
●筌の口温泉山里の湯／玖珠郡九重町

宮崎県

●宮崎科学技術館／宮崎市
●飫肥城下町武家屋敷通／日南市
●真名井の滝／西臼杵郡高千穂町

鹿児島県

●かごしま近代文学館／鹿児島市
●金作原の原生林／奄美市
●屋久島の縄文杉／熊毛郡屋久島町

沖縄県

●斎場御嶽／南城市
●琉球村 琉球古民家／国頭郡恩納村
●沖縄美ら海水族館／国頭郡本部町

本書は、本文庫のために書き下ろされたものです。

エスパー・小林《こばやし》の「運《うん》」がつく人《ひと》 「霊《れい》」が憑《つ》く人《ひと》

著　者　エスパー・小林（えすぱー・こばやし）
発行者　押鐘太陽
発行所　株式会社三笠書房
〒102-0072 東京都千代田区飯田橋3-3-1
https://www.mikasashobo.co.jp
印　刷　誠宏印刷
製　本　ナショナル製本

ISBN978-4-8379-6747-7 C0130

©Esper Kobayashi, Printed in Japan

本書へのご意見やご感想、お問い合わせは、QR コード、
または下記 URL より弊社公式ウェブサイトまでお寄せください。
https://www.mikasashobo.co.jp/c/inquiry/index.html

＊本書のコピー、スキャン、デジタル化等の無断複製は著作権法上での例外を除き禁じられています。本書を代行業者等の第三者に依頼してスキャンやデジタル化することは、たとえ個人や家庭内での利用であっても著作権法上認められておりません。
＊落丁・乱丁本は当社営業部宛にお送りください。お取替えいたします。
＊定価・発行日はカバーに表示してあります。

王様文庫

王様文庫

「第三の目」を持つ男
エスパー・小林の本

エスパー・小林の「霊」についての100の質問

衝撃の真実、怖すぎる実例……「霊」に関する知りたいことがわかる本。＊なぜ、人は死んだら四十九日間、この世を漂うのか　＊「あの世」の入り口を霊視すると……　＊「虫の知らせ」はどこまで当たる？……「怨念」と「呪い」の除け方から未来予知、死後の世界の話まで！

エスパー・小林の「視《み》えない世界」を味方につける霊界通信

「運気」を守る人、「邪」に落ちる人――その「差」はどこにあるのか？　迷った時、もっとパワーがほしい時、「強力な相談相手」になってくれる本！　＊「霊的エネルギー」が加速度的に上がる時　＊なぜ「天皇家ゆかりの寺社」はよいのか　＊「影響力のある人」と〝気の交流〟を持つ

エスパー・小林の超開運案内

あなたの「運」はどこで決まるのか？　仕事、お金、結婚、人間関係……「読むお守り」になる本！　＊転職して年収が上がる会社　＊〝関係を持つ〟と運がつく相手　＊受験に効くパワスポ　＊家を買うべき時期……　驚愕！「こんなこと」まで霊視でわかってしまうのか!!

K30412